L A

LIBERTÉ DES THÉATRES

Paris. — Typ. Morris et Comp., rue Amelot, 64.

LA LIBERTÉ

DES

THÉATRES

PAR

HIPPOLYTE HOSTEIN

PARIS

LIBRAIRIE DES AUTEURS

10, RUE DE LA BOURSE, 10

—

1867

A M. CAMILLE DOUCET

Monsieur, dans votre discours de réception à l'Académie française, au milieu de tant de choses bien pensées et bien dites, vous avez exprimé délicatement un sentiment délicat.

Voulant témoigner votre reconnaissance envers d'augustes protecteurs et éviter la flatterie, sans décliner ni vos dévouements ni votre milieu officiel, vous avez dit :

« On hésite parfois à louer les puissants qu'on aime ; on éprouve à le faire comme un embarras secret qui vous retient, comme un respect des autres et de soi-même qui vous arrête : plus la vérité serait flatteuse, moins on veut qu'elle puisse avoir l'air d'une flatterie. »

Qu'il me soit permis d'appliquer ces paroles à vous-même, Monsieur, et à moi, en descendant, bien entendu, des hauteurs où monte votre allusion.

J'hésiterais, sans aucun doute, en ma qualité de directeur de théâtre, à adresser des louanges publiques à M. le directeur général des théâtres, s'il m'était possible de séparer son nom, sa coopération administrative, du décret libéral qui fait l'objet du présent travail, et qui a mes plus vives sympathies et toute ma reconnaissance.

Cette liberté est, à mes yeux, un immense bienfait.

Nous ne saurions trop en rendre grâces à notre souverain !

Mais nous ne devons pas oublier, que vous, Monsieur, dans la mesure de vos attributions, vous vous êtes associé à ce bienfait par vos efforts persévérants en faveur de la loyale émancipation de l'industrie théâtrale ; par votre aversion contre les abus qui se cachaient trop souvent, en dépit de l'autorité, sous la question des priviléges ; par les vues élevées et désintéressées qui vous ont porté ainsi à vous dessaisir d'une sorte de dictature théâtrale dont vos prédécesseurs se montraient si jaloux ; enfin par cet esprit équitable et par ces sentiments d'humanité qui vous animent et qui ont marqué votre administration d'un caractère spécial de bienveillance !

Toutes ces qualités, Monsieur, chacun en particulier se plaît à vous les reconnaître : mais, « plus la vérité serait flatteuse, moins on veut qu'elle puisse avoir l'air d'une flatterie. »

Je brave ce scrupule, Monsieur, car, puisqu'il s'agit ici d'une liberté nouvelle, j'en prends occasion pour déclarer que, plus l'extension de la liberté donne le droit de signaler le mal, plus elle impose le devoir de proclamer le bien.

J'ai l'honneur d'être, monsieur,

Votre très-dévoué serviteur et administré,

HOSTEIN.

CHAPITRE PREMIER

DÉCRET. — CIRCULAIRES OFFICIELLES

Anecdote relative au décret de 1864. — Considérations générales sur la nécessité d'affranchir l'industrie des théâtres. — Rapport précédant le décret. — Décret. — Circulaire ministérielle aux préfets. — Adresses à S. M. l'Empereur. — Discours de M. le maréchal Vaillant. — Ce en quoi consiste précisément la liberté des théâtres.

Un écrivain distingué, un auteur dramatique applaudi, un critique délicat, qui ajoute à tous ces mérites celui d'être un remarquable archéologue en fait de théâtre classique, racontait, il y a quelques années, ce qui suit :

« L'Empereur était allé, vers le milieu du mois dernier, à la première représentation d'une pièce que je ne nommerai pas, mais qu'on pourra, si l'on veut, reconnaître. Nous en avons parlé, et ce que nous en avons dit était aussi court que peu flatteur. On ne la jouait ni au Châtelet ni à la Gaîté, mais elle était cependant du genre de ces féeries que nos burgraves tirent depuis quelque temps des contes ou des fables que Perrault et Florian firent pour les enfants, et qui donnent à penser qu'ils sont bien près eux-mêmes de revenir à l'enfance. L'Empereur écouta cet ennuyeux apologue, sans morale, avec une longanimité qui fit un peu violence à la patience du public, dont, par respect, l'expression stridente s'ajourna jusqu'au jour suivant.

» Ces sifflets du lendemain n'ont pas tué la pièce, mais le mot que l'Empereur avait dit en sortant avait tué les priviléges. Une vérité, qu'il s'était longtemps dissimulée, était sortie pour lui de cette pièce, et ce mot l'exprimait.

» Ceux qui l'entendirent purent deviner que c'en était fait de la sauvegarde accordée par l'État aux théâtres capables de représenter de telles inepties, et par là pressentir la parole qui a retenti jeudi comme un coup de tonnerre. »

Cette parole, c'était celle de l'Empereur annonçant dans son discours d'ouverture des Chambres, le 5 novembre 1863, la suppression prochaine des priviléges de théâtre.

Que le fait raconté par M. Ed. Fournier ait été la cause même ou simplement l'occasion de cette grande et libérale mesure, c'est ce que nous n'avons pas mission d'examiner.

Jetons un rapide coup d'œil sur l'état général des choses de théâtre au moment de la promulgation du décret.

Dans toute question de théâtre il y a deux éléments : un art et une industrie. Un théâtre est en même temps une entreprise commerciale mettant en jeu de grands capitaux et des intérêts complexes, et une sorte de tribune où l'art doit se manifester. A mesure que le mouvement dramatique s'est développé et étendu ; à mesure que, dans une ville européenne comme Paris, le nombre et l'importance des entreprises théâtrales se sont accrus, à mesure aussi l'élément commercial a pris le dessus sur l'élément artistique. L'administration, investie, au point de vue de l'art, d'une tutelle sur les théâtres, s'était trouvée, par la force des choses, amenée à exercer presque exclusivement sur des entreprises purement commerciales, plus ou moins bien conduites, une surveillance toujours difficile et, malgré la pureté des intentions et l'esprit de bienveillante équité qui y présidait, souvent insuffisante et inefficace. Cette situation pouvait se résumer ainsi :

responsabilité apparente de l'administration pour une foule
de faits auxquels il lui était à peu près impossible de s'opposer.

Tout le monde était donc d'accord sur la nécessité d'une
réforme; on se demandait seulement dans quelle mesure il
était opportun de l'effectuer, lorsque l'Empereur trancha la
question dans le sens le plus libéral, en promulguant le
décret de 1864, que nous reproduisons en entier pour toutes
les personnes intéressées à le bien connaître, et qui pourraient avoir oublié ou égaré ce code nouveau des théâtres.

Le décret est précédé du remarquable rapport que voici :

RAPPORT A L'EMPEREUR.

« Sire,

» Dans la séance solennelle du 5 novembre dernier, Votre Majesté
annonçait elle-même la suppression prochaine des priviléges auxquels
l'exploitation des théâtres était jusqu'à présent assujettie. Accueillie
avec joie et reconnaissance par les écrivains et par les artistes, cette
mesure va recevoir aujourd'hui son exécution.

» Grâce à la généreuse initiative et aux intentions libérales de Votre
Majesté, aucune entrave ne s'opposera plus désormais au libre développement d'une industrie dont l'influence sur le mouvement des lettres
et des arts peut être si grande et si féconde.

» Tandis que les auteurs et les compositeurs vivants pourront trouver
partout des débouchés pour leurs productions nouvelles, les chefs-
d'œuvre de l'ancien répertoire, affranchis des liens qui les rattachaient
exclusivement aux deux premiers théâtres français, iront, sans déchoir,
honorer les scènes populaires et y porter leur utile enseignement. De
son côté, le gouvernement restera en possession du droit de soutenir,
en les subventionnant, des établissements de premier ordre qui seront
pour les autres des exemples à suivre et des modèles à égaler.

» On peut donc espérer, Sire, que le niveau de l'art ne fera que s'é-
lever sous l'empire de la législation nouvelle, et que le bon goût public
se réveillera lui-même en se sentant plus libre.

» Le moment est favorable pour faire loyalement une expérience qui
n'a jamais eu lieu dans des conditions pareilles. En permettant à la

liberté industrielle, littéraire et artistique de produire tout le bien qu'on doit en attendre, on n'a pas à en craindre les abus et les excès. La société, l'ordre et la morale, conservent toutes leurs garanties, et loin de désarmer l'administration, le décret nouveau confirme l'autorité protectrice des lois actuellement en vigueur.

» J'ai l'honneur, en conséquence, de soumettre à Votre Majesté le projet de décret ci-joint.

» Je suis, etc.

» Le maréchal de France, ministre de la maison de l'Empereur et des beaux-arts.

» VAILLANT. »

« Napoléon,

» Par la grâce de Dieu et la volonté nationale, Empereur des Français,

» A tous présents et à venir, salut :

» Vu les décrets des 8 juin 1806 et 29 juillet 1807 ;

» Vu l'ordonnance du 8 décembre 1824 ;

» Vu l'article 3, titre XI, de la loi des 16 et 24 août 1790 ;

» Vu les arrêtés du gouvernement des 25 pluviôse et 11 germinal an IV, 1er germinal an VII et 12 messidor an VIII ;

» Vu les ordonnances de police des 12 février 1828 et 9 juin 1829 ;

» Vu la loi du 7 frimaire an V et le décret du 9 décembre 1809 sur la redevance établie au profit des pauvres ou des hospices ;

» Vu le décret du 30 décembre 1852 ;

» Notre Conseil d'État entendu,

» Avons décrété et décrétons ce qui suit :

» Art. 1er. Tout individu peut faire construire et exploiter un théâtre, à la charge de faire une déclaration au ministère de notre maison et des beaux-arts, et à la préfecture de police pour Paris ; à la préfecture pour les départements.

» Les théâtres qui paraîtront plus particulièrement dignes d'encouragement pourront être subventionnés soit par l'État, soit par les communes.

» Art. 2. Les entrepreneurs de théâtre devront se conformer aux ordonnances, décrets et règlements pour tout ce qui concerne l'ordre, la sécurité et la salubrité publics.

» Continueront d'être exécutées les lois existantes sur la police et la fermeture des théâtres, ainsi que sur la redevance établie au profit des pauvres et des hospices.

» Art. 3. Toute œuvre dramatique, avant d'être représentée, devra, aux termes du décret du 30 décembre 1852, être examinée et autorisée par le ministre de notre maison et des beaux-arts, pour les théâtres de Paris ; par les préfets, pour les théâtres des départements.

» Cette autorisation pourra toujours être retirée pour des motifs d'ordre public.

» Art. 4. Les ouvrages dramatiques de tous les genres, y compris les pièces entrées dans le domaine public, pourront être représentés sur tous les théâtres.

» Art. 5. Les théâtres d'acteurs enfants continuent d'être interdits.

» Art. 6. Les spectacles de curiosités, de marionnettes, les cafés dits cafés chantants, cafés-concerts et autres établissements du même genre restent soumis aux règlements présentement en vigueur.

» Toutefois ces divers établissements seront désormais affranchis de la redevance établie par l'article 11 de l'ordonnance du 8 décembre 1824 en faveur des directeurs des départements, et ils n'auront à supporter aucun prélèvement autre que la redevance au profit des pauvres ou des hospices.

» Art. 7. Les directeurs actuels des théâtres autres que les théâtres subventionnés sont et demeurent affranchis envers l'administration de toutes les clauses et conditions de leurs cahiers des charges, en tant qu'elles sont contraires au présent décret.

» Art. 8. Sont abrogées toutes les dispositions des décrets, ordonnances et règlements, dans ce qu'elles ont de contraire au présent décret.

» Art. 9. Le ministre de notre maison et des beaux-arts est chargé de l'exécution du présent décret, qui sera inséré au *Bulletin des Lois* et recevra son exécution à partir du 1er juillet 1864.

» Fait au palais des Tuileries, le 6 janvier 1864.

» NAPOLÉON.

» Par l'Empereur :
» Le maréchal de France, ministre de la maison de l'Empereur et des beaux-arts,

» VAILLANT. »

La nouveauté de ces dispositions rendit nécessaire l'envoi à MM. les préfets, en province, de diverses circulaires ministérielles destinées à bien faire comprendre la portée du décret.

La plus importante de toutes ces communications officielles est conçue en ces termes :

« Mai 1864

» Monsieur le préfet,

» Le décret impérial du 6 janvier dernier, qui supprime les priviléges auxquels l'exploitation des théâtres était assujettie, devant recevoir son exécution à partir du 1er juillet prochain, je crois utile de vous donner dès à présent quelques explications sur la marche à suivre pour l'application du décret, afin de prévenir toute difficulté d'interprétation, et de vous mettre à même d'éclairer vos administrés sur les droits et les devoirs résultant pour eux du changement de législation.

» Aux termes de l'article 1er, tout individu peut construire et exploiter un théâtre, à la charge de faire une déclaration au ministère de la maison de l'Empereur et des beaux-arts et à la préfecture de police pour Paris, à la préfecture dans les départements.

» Une autorisation ministérielle n'est donc plus nécessaire comme par le passé, et le préfet lui-même n'intervient pas pour autoriser la construction ou l'exploitation d'un théâtre dans son département ; il reçoit la déclaration du constructeur et celle de l'exploitant, et se borne à faire respecter, aux termes de l'article 2, les ordonnances, décrets et règlements, pour tout ce qui concerne l'ordre, la sécurité et la salubrité publics.

» Vous pouvez, à cet effet, consulter les ordonnances de police concernant les dispositions intérieures et extérieures à prendre pour la construction des théâtres, notamment celle du 9 juin 1829.

» Une fois les salles construites, c'est à leur propriétaire, ou à tout entrepreneur qui s'en rend locataire, que l'exploitation théâtrale appartient, sans autre limite que celle de leur volonté, de leurs intérêts et de leurs droits.

» Toute latitude étant donnée à l'industrie théâtrale, l'article 1er du décret du 6 janvier réserve à l'État et aux communes le droit de subventionner les théâtres qui paraîtraient plus particulièrement dignes d'encouragement.

» Pour le moment, monsieur le préfet, vos efforts doivent tendre à ce que les subventions existantes ne soient pas retirées et à ce qu'il en soit plutôt accordées de nouvelles, à la veille d'une épreuve qui veut être faite avec loyauté, mais avec prudence. Ainsi le mouvement des lettres et des arts sera à la fois développé par la concurrence et soutenu par des libéralités utiles.

» Si le décret du 6 janvier supprime les anciens privilèges dans l'intérêt de l'art et de l'industrie, il ne supprime aucune des garanties qui protégeaient la société, l'ordre et la morale ; il les confirme, au contraire, et c'est dans ce but que l'article 3 consacre la législation relative à la censure théâtrale, conformément au décret du 30 novembre 1852.

» Je vous rappelle à ce propos, monsieur le préfet, 1° que c'est à vous qu'il appartient d'examiner et d'autoriser, s'il y a lieu, les pièces nouvelles destinées à être représentées pour la première fois sur un des théâtres de votre département ; 2° que celles qui ont été interdites à Paris sont, par cela même interdites à toute la France ; 3° que si, parmi celles qui y ont été autorisées, il s'en trouve que vous jugiez ne pouvoir être jouées sans danger dans votre département, vous avez toujours le droit d'en défendre la représentation en m'en donnant avis. Les formalités ordinaires continueront donc à être observées ; les brochures et les répertoires devront être visés comme d'habitude, et je vous adresserai, au moins une fois par an, le titre des pièces qui auraient pu être interdites.

» Aux termes de l'article 4, les ouvrages dramatiques de tous les genres, y compris les pièces entrées dans le domaine public, pourront être représentés sur tous les théâtres.

» Déjà les théâtres des départements jouissaient de cet avantage, et je ne vous rappelle les dispositions de l'article 4 que pour vous recommander de veiller à ce que les œuvres des maîtres soient exécutées, autant que possible, avec le respect qui leur est dû, et sans que le texte en soit altéré par aucune mutilation.

» L'article 5 n'ayant pas besoin de commentaires, il me reste, monsieur le préfet, à appeler votre attention sur l'article 6, par lequel les spectacles de curiosités, de marionnettes, les cafés dits cafés chantants, cafés-concerts et autres établissements du même genre, restent soumis aux règlements présentement en vigueur, mais sont toutefois désormais affranchis de la redevance établie par l'article 11 de l'ordonnance du 8 décembre 1824 en faveur des directeurs des départements.

» La liberté accordée à l'industrie spéciale des théâtres ne s'étend pas et ne pouvait s'étendre à tous les établissements publics d'un autre ordre, et notamment aux cafés, qui, comme débits de boisson sont, vous le savez, soumis à des règlements spéciaux. Vous pourrez, quand vous le jugerez convenable, autoriser les propriétaires de cafés à faire exécuter dans leurs établissements toute espèce de musique instrumentale, et chanter toute sorte de morceaux de musique, même de l'ordre le plus élevé, sans toutefois porter atteinte au droit des auteurs sur les ouvrages du répertoire moderne. Ces exécutions instrumentales et vocales devront toujours, comme par le passé, avoir lieu sans aucun costume ni travestissement, sans décors et sans mélange de prose, de danses et de pantomimes. Autrement, ce seraient de véritables théâtres, et la distinction établie par les articles 1 et 6 du décret ne serait pas respectée.

» Les entrepreneurs de cafés-concerts et de cafés chantants seraient d'autant moins fondés à se plaindre du maintien de cet état de choses, qu'ils ont désormais la liberté de construire et d'exploiter des théâtres si bon leur semble.

» Par spectacles de curiosités et autres établissements du même genre que concerne aussi l'article 6, vous devez entendre les petits spectacles de physique et de magie, les panoramas, dioramas, tirs, feux d'artifice, expositions d'animaux et tous les spectacles forains et d'exercices équestres qui n'ont ni un emplacement durable ni une construction solide.

» Affranchis de la redevance qu'ils payaient aux directeurs des théâtres, ces établissements n'auront plus à supporter qu'un prélèvement au profit des pauvres ou des hospices. La législation nouvelle sera donc pour eux un grand bienfait, et leur condition se trouvera sensiblement améliorée.

» Les articles 7, 8 et 9 délient, à partir du 1er juillet prochain, les directeurs actuels des théâtres autres que les théâtres subventionnés de toutes les clauses et conditions de leurs cahiers de charges, et abrogent les dispositions des décrets, ordonnances et règlements dans ce qu'elles ont de contraire au décret du 6 janvier.

» Jusque-là, monsieur le préfet, et pendant cette période de temps qui sépare encore le régime des priviléges du régime de la liberté, vous ne pouvez mieux faire que de seconder les combinaisons qui seraient de nature à favoriser le maintien des théâtres qui existent et la construction de ceux qu'on voudrait établir dans de bonnes conditions, sans tenir compte des anciens arrondissements ni des anciens itinéraires, qui, ne répondant plus en rien aux besoins de l'époque, devaient cesser d'exister.

» Les directeurs ne sont plus astreints à une réglementation uniforme pour les abonnements, les débuts, le tarif du prix des places et autres questions de détail. Ils pourront prendre à cet effet les mesures qu'ils jugeront convenables, et, de son côté, l'autorité locale devra veiller à ce que l'ordre public n'ait pas à en souffrir.

» Si mon autorisation n'est plus nécessaire pour l'exploitation des théâtres ni pour leur construction, je n'en conserverai pas moins le droit et le besoin d'être mis au courant de tout ce que produira, dans chaque département et dans chaque ville, la libre industrie des théâtres. Vous voudrez donc bien, monsieur le préfet, m'informer de la création de chaque nouvelle salle, et des changements qui auront lieu dans les diverses exploitations.

» J'ai tâché de prévoir les difficultés que pourrait soulever l'application du décret du 6 janvier dernier, et je me suis efforcé de vous mettre d'avance à même d'y pourvoir. Au besoin et dans le cas où des instructions nouvelles vous deviendraient nécessaires, je serai toujours prêt à vous les adresser. Je me résume aujourd'hui en vous disant que, pour obéir aux prescriptions du décret et répondre aux généreuses intentions de l'Empereur, vous devez chercher avant tout à concilier loyalement les droits nouveaux de l'industrie théâtrale avec les droits éternels de la société, de la morale et des arts.

» Je vous prie, monsieur le préfet, de m'accuser réception de la présente circulaire, à laquelle je joins le texte du décret du 6 janvier, ainsi que le rapport qui le précédait et qui en explique la pensée.

» Recevez, monsieur le préfet, l'assurance de ma considération très-distinguée.

» *Le maréchal de France,*

Ministre de la maison de l'Empereur et des beaux-arts,

» VAILLANT. »

Nous aurons occasion de revenir sur cette importante circulaire, notamment au chapitre des cafés-concerts.

Le décret de S. M. Napoléon III fut accueilli avec le plus vif enthousiasme dans le monde théâtral.

Au lendemain de la promulgation de ce décret, l'adresse suivante était remise à l'Empereur par la société des Compositeurs de musique :

« Sire,

» La suppression des priviléges exclusifs des théâtres, due à la plus libérale et à la plus éclairée des initiatives, ouvre enfin une large carrière à l'art musical en France.

» Aussi favorisés que les peintres et les sculpteurs pour la libre manifestation de leurs œuvres, les compositeurs, affranchis désormais des entraves qui, sans cesse renouvelées, arrêtaient tout essor, trouveront, avec la facilité de se produire devant le public, l'utile emploi de leur talent et la plus féconde émulation.

» Cette ère nouvelle, entièrement due à la protection que Votre Majesté, dans sa haute sagesse, daigne accorder à l'art lyrique, donnera plus d'éclat encore à l'école française, menacée peut-être de perdre le rang élevé qu'elle a su conquérir.

» Veuillez donc permettre, Sire, que les compositeurs de musique soient les premiers à acclamer cette heureuse décision et à offrir à Votre Majesté l'humble hommage de leur profonde reconnaissance.

» Nous sommes avec le plus profond respect, Sire, de Votre Majesté, les très-humbles et très-obéissants serviteurs. »

Suivent les signatures, au nombre de plus de quatre-vingts, parmi lesquelles figurent celles de Rossini, Auber, Meyerbeer, Félicien David, Gounod, Vogel, Poniatowski, Ambroise Thomas, Caraffa.

Quelque temps après, lors d'une réunion solennelle des artistes dramatiques, M. Frédérick Lemaître terminait son discours en s'écriant, aux applaudissements unanimes de l'assemblée : « A la liberté des théâtres, chers camarades ! »

« Lorsque je vous disais, il y a un instant, que nous avions à ressentir un double bonheur dans cette réunion ! qu'après avoir rendu nos devoirs à Molière, notre illustre père, nous avions encore à témoigner notre profonde reconnaissance envers un autre génie, vous m'avez compris, n'est-ce pas ?

» Comme moi, vous êtes transportés de joie et d'orgueil de voir que nous sommes l'objet de la sollicitude du génie souverain qui veut la régénération de l'art dramatique en France ! C'est donc avec le même cœur comme avec la même voix, que vous vous écrierez avec moi : « *A l'auguste Empereur Napoléon III, les artistes dramatiques reconnaissants !* »

Enfin S. Exc. M. le maréchal Vaillant, ministre de la maison de l'Empereur, exposait dans les termes suivants, à la distribution des prix du Conservatoire (4 avril 1864), le programme des efforts à réaliser pour la justification du don fait par l'Empereur à l'industrie théâtrale :

« Plus l'art est libre, plus il importe qu'au seuil de la carrière, au début de la vie, l'esprit s'éclaire et l'intelligence se fortifie par les leçons du talent et par les conseils de l'expérience.

» Depuis le jour où, pour la première fois, j'entrai, il y a un an, dans cette enceinte, appelé de la veille à l'honneur de diriger l'administration des beaux-arts, une grande et importante réforme, due à la volonté libérale et à l'initiative généreuse de l'Empereur, est venue, en affranchissant l'industrie théâtrale des anciennes entraves dont elle se plaignait, ouvrir aux artistes un champ plus vaste, et imprimer aux arts un nouvel essor.

» En supprimant les priviléges et les monopoles, en donnant à tous les théâtres le droit, exclusivement réservé naguère à la Comédie-Française et à l'Odéon, de représenter librement les chefs-d'œuvre de l'ancien répertoire, la législation nouvelle a voulu encore élever en France le niveau artistique et littéraire.

» Pour ces ouvrages incomparables, il faudra de dignes interprètes, et c'est alors que la supériorité des études sérieuses se fera mieux sentir, c'est alors que ceux qui, comme vous, au lieu de se livrer au capricieux hasard des inspirations personnelles, viennent puiser à la bonne source et s'instruire à la bonne école, se réjouiront d'avoir édifié leurs talents sur des bases solides et d'avoir recueilli le secret de bien dire de la bouche même de ceux qui le possédaient.

» La lice est ouverte pour tous, pour ceux du dehors comme po

ceux du dedans, sans que personne ait à répondre de son origine ; mais
dans cette mêlée, dont le public sera le témoin et le juge, les enfants du
Conservatoire auront à cœur, je n'en doute pas, de soutenir partout et
toujours l'honneur de leur drapeau..... »

Tels sont les mémorables auspices sous lesquels s'est ouverte la période de la liberté théâtrale.

Quelques années se sont écoulées. Qu'a produit cette
liberté ?

Que doit-on attendre d'elle dans l'avenir ?

Telles sont les questions que nous nous proposons d'a-
border.

Mais avant toutes choses, il faut se rendre un compte
exact de ce en quoi consiste précisément la liberté des
théâtres.

Il y a sur ce point d'étranges erreurs !

A entendre certaines personnes, il semble que la liberté
théâtrale devait, dès le lendemain de son apparition, faire
éclore des centaines de chefs-d'œuvre et régénérer l'art
dramatique tout entier.

En vérité, c'est bien peu connaître le texte et la portée de
l'acte de 1864 !

Croit-on que l'Empereur ait eu la pensée de décréter le
génie ou même le talent ? Il a voulu laisser le champ libre à
toutes les initiatives possibles en matière de théâtre ; c'est au
temps et aux efforts des intéressés à faire le reste.

En résumé, la liberté théâtrale accorde à tout individu :

1° Le droit de construire un théâtre nouveau ;

2° Le droit d'exploiter un théâtre ancien ou nouveau sans
privilége spécial ;

3° La faculté de jouer indistinctement tous les genres ;

4° Le droit de recourir librement à l'ancien répertoire.

Voilà ce que le décret accorde.

Voici ce qu'il maintient ou réserve.

Il maintient :

La taxe du droit des pauvres ;

La censure préalable.

Enfin il réserve les autorisations relatives aux cafés-concerts, et réglemente leur mode d'exploitation.

Examinons successivement et les concessions et les défenses.

CHAPITRE II

DU DROIT DE CONSTRUIRE DES THÉATRES NOUVEAUX

Ordonnance de police de 1864. — Ce que cette ordonnance renferme de nouveau.
— Question de l'affichage des théâtres. — Droit d'élever ou d'abaisser le prix
des places. — Les bureaux nouveaux où l'on vend des billets. — Les théâtres
construits depuis peu. — Un rondeau de Clairville. — Histoire des petits théâtres.
— Leur utilité. — Un nouveau théâtre à faire. — Le Théâtre-International au
champ de Mars. — M. Leplay. — Un programme théâtral.

Ce droit est soumis à certaines dispositions restrictives.
L'arrêté préfectoral du 1ᵉʳ juillet 1864 dispose, dès l'art. 1ᵉʳ,
que toute personne ayant l'intention de faire construire à
Paris un théâtre nouveau devra déposer ses plans et ne
pourra commencer les travaux que sur l'*avis formel du
préfet* de police.

Cette réserve semble laisser bien de la place à l'arbitraire !... Elle s'explique cependant par la nécessité de sau-
vegarder les questions de bon ordre et de sécurité publics.

Voici, au surplus, *in extenso*, l'ordonnance relative à la

grave question de la construction des salles nouvelles et à leur police intérieure et extérieure. Nous écrivons pour une classe de lecteurs à qui il peut importer de trouver tous ces documents officiels réunis et coordonnés.

« Paris, 1er juillet 1864.

» Nous, préfet de police, etc.,

» Considérant que le décret du 6 janvier 1864 supprime les priviléges auxquels l'industrie théâtrale était jusqu'à présent assujettie et confère à toute personne le droit de faire construire et exploiter un théâtre, à la charge d'une déclaration préalable à l'autorité ;

» Considérant que le décret réserve, outre la censure théâtrale, l'exécution des lois, décrets, ordonnances et règlements de police de droit commun, et, pour les théâtres subventionnés, celles des clauses et conditions de leurs cahiers des charges envers l'administration ;

» Voulant refondre en une seule et même ordonnance les dispositions de l'ancienne réglementation ;

» Ordonnons ce qui suit :

CONSTRUCTION

Déclaration préalable.

» Article 1er. Tout individu voulant faire construire et exploiter un théâtre est tenu d'en faire la déclaration préalable au ministère de la maison de l'Empereur et des beaux-arts ainsi qu'à la préfecture de police.

» Il sera joint à l'appui les plans détaillés, avec coupes, et l'indication du nombre des places, calculée par personne à raison de 0m,80 de profondeur sur 0m,45 de largeur, pour les places en location, et 0,m70 sur 0m,45 pour les autres places.

» Les travaux ne pourront être commencés que sur notre avis formel, après examen du projet.

» Sauf les cas de dérogation que nous nous réservons d'admettre, les salles seront établies, construites et distribuées conformément aux prescriptions suivantes :

Mesures d'isolement.

» Art. 2. L'édifice peut être isolé ou adossé, au choix du constructeur. En cas d'isolement, il sera laissé sur tous les côtés qui ne seront pas bordés par la voie publique un espace libre ou chemin de ronde qui pourra n'être que de 3 mètres de largeur si les maisons voisines n'ont pas de jour sur ledit chemin ; dans le cas contraire, la largeur serait rationnellement augmentée eu égard, notamment à l'importance et aux dispositions de l'édifice.

» En cas d'adossement, il sera construit un contre-mur en briques de 0^m,25 au moins d'épaisseur, pour préserver les murs mitoyens.

» L'épaisseur de ce contre-mur pourrait être augmentée comme la largeur du chemin de ronde ci-dessus et par les mêmes considérations.

Prescriptions concernant la grosse construction, surtout en vue des dangers d'incendie.

» Art. 3. Les murs intérieurs, les murs qui séparent les loges d'acteurs et le théâtre, le mur d'avant-scène, le mur qui sépare la salle, le vestibule et les escaliers, seront en maçonnerie.

» Art. 4. Les portes de communication entre les loges d'acteurs et le théâtre seront en fer et battantes, de manière à être constamment fermées.

» Le mur d'avant-scène qui s'élève au-dessus de la toiture ne pourra être percé que de l'ouverture de la scène et de baies de communication fermées par des portes de fer.

» L'ouverture de la scène doit être fermée par un rideau en fil de fer maillé, de 0^m,05 au plus de maille, qui intercepte entièrement toute communication entre les parties combustibles du théâtre et de la salle. Ce rideau doit être soutenu par des cordages combustibles.

» Les décorations fixes, dans les parties supérieures de l'ouverture d'avant-scène, doivent toujours être incombustibles.

» Art. 5. Tous les escaliers, les planchers de la salle et les cloisons des corridors doivent être également en matériaux incombustibles.

» Art. 6. La calotte de la salle doit être en fer et en plâtre, sans boiseries.

Pompes à incendie et leur alimentation.

» Art. 7. Dans l'une des parties les plus élevées du mur d'avant-scène et sous les combles, il sera placé un appareil de secours contre l'incendie, avec colonne en charge, au poids de laquelle il sera, au besoin, ajouté une pression hydraulique assez puissante pour fournir un jet d'eau dans les parties les plus élevées du bâtiment. La capacité de l'appareil se déterminera selon l'importance du théâtre.

» Art. 8. Les pompes doivent être installées au rez-de-chaussée, dans un local séparé du théâtre par des murs en maçonnerie.

» Art. 9. Elles seront toujours alimentées par les eaux de la ville, recueillies dans des réservoirs et par un puits, de manière que chacune des deux conduites puisse suffire au jeu des pompes établies.

» Art. 10. En dehors des salles de spectacle, il doit être établi des bornes-fontaines alimentées par les eaux de la ville et pouvant servir chacune au débit d'une pompe à incendie ; le nombre en est déterminé par l'autorité.

Chauffage et ventilation.

» Art. 11. La salle ne peut être chauffée que par des bouches de chaleur dont le foyer est dans les caves.

» Les bouches s'ouvriront à 0^m,30 au-dessus du plancher.

» Art. 12. Les salles de spectacle doivent être ventilées convenablement ; l'air y sera renouvelé au moyen de dispositions que l'autorité appréciera.

» Des thermomètres seront placés en vue dans les corridors.

Dispositions relatives à l'établissement d'ateliers au-dessus du théâtre.

» Art. 13. Aucun atelier ne peut être établi au-dessus du théâtre.

» Art. 14. Des ateliers ne peuvent être établis au-dessus de la salle que pour les peintres et les tailleurs, et sous la condition que les planchers soient carrelés et lambrissés ; dans le cas où l'on établirait des ateliers pour les peintres, la sorbonne, à moins que les combles ne soient en fer et plâtre, doit être enfermée dans des cloisons hourdées et enduites en plâtre, plafonnée, carrelée et fermée par une porte en fer.

» Art. 15. Aucune division ne peut être faite dans les combles que pour les ateliers désignés ci-dessus.

Corridors et escaliers de dégagement.

» Art. 16. La largeur des corridors de dégagement, le nombre et la largeur des escaliers ainsi que des portes de sortie seront proportionnés à l'importance du théâtre.

» Toutefois il doit y avoir au moins deux escaliers spécialement destinés au service de la salle et donnant issue à l'extérieur.

Magasins de décorations et machines.

» Art. 17. Tout théâtre doit avoir un magasin de décorations et machines hors de son enceinte, établi dans des conditions convenables et avec notre autorisation.

» Art. 18. Aucun magasin ou approvisionnement inutile de décorations, machines, accessoires, ne doit être fait sous le théâtre ou sur la scène : leur lieu de dépôt doit toujours être séparé du théâtre par un mur en maçonnerie.

Interdiction pour certaines locations et logements.

» Art. 19. Il est interdit de louer une boutique ou un magasin dépendant du théâtre à tout commerce ou industrie qui offrirait des dangers exceptionnels d'incendie, notamment par la nature de ses marchandises ou de ses produits.

» Les tuyaux de cheminée des boutiques louées, s'ils traversent le théâtre ou ses dépendances, seront en maçonnerie et montés verticalement jusqu'au-dessus du comble. Ces tuyaux seront, en outre, dans la hauteur de la salle, garnis d'une enveloppe en briques.

» Art. 20. Personne autre que le concierge et le garçon de caisse ne peut occuper de logement dans les salles des théâtres, ni dans aucune partie des bâtiments qui communiquent avec les salles.

EXPLOITATION

Réception de la salle. — Service d'ordre et de police.

» Art. 21. L'ouverture d'un théâtre ne peut avoir lieu qu'après qu'il a été constaté par nous que la salle est solidement construite et dans des conditions suffisantes de sûreté, de salubrité et de commodité.

» Des modifications apportées ultérieurement dans la construction, dans la division et dans les distributions intérieures nécessiteraient un nouvel examen avant la réouverture.

» Art. 22. Les agents de l'autorité supérieure devront être mis à même d'exercer dans chaque théâtre une surveillance quotidienne, tant au point de vue de la censure dramatique que dans l'intérêt de l'ordre et de la sécurité publique.

» Art. 23. Il y aura un bureau pour les officiers de police et un corps de garde.

» Art. 24. Un commissaire de police est chargé de la surveillance générale de chaque théâtre.

» Une place convenable lui sera assignée dans l'intérieur de la salle.

» Art. 25. Tout individu arrêté soit à la porte du théâtre, soit à l'intérieur de la salle, doit être conduit devant le commissaire de police, qui statuera.

» Art. 26. La garde de police est spécialement chargée du maintien de l'ordre et de la libre circulation au dehors du théâtre, ainsi que de l'exécution des consignes relatives aux voitures.

» Elle ne pénétrera dans l'intérieur de la salle que dans le cas où la sûreté publique serait compromise, ou sur la réquisition du commissaire de police.

» Art. 27. Il y aura dans chaque salle de spectacle un service médical organisé conformément à l'arrêté de police du 12 mai 1852.

» Art. 28. Le service des sapeurs-pompiers s'effectuera conformément à la consigne générale du 20 juillet 1862, approuvée par nous.

» Des cadrans-compteurs, servant à constater les rondes faites pendant la nuit, seront placés dans l'intérieur des théâtres, sur les points que désignera le commandant du bataillon des sapeurs-pompiers.

Urinoirs.

» Art. 29. Les directeurs feront établir des urinoirs, fixes ou mobiles, appropriés aux localités et dans des conditions de convenance et de salubrité que l'autorité appréciera.

Affichage. — Billets. — Location. — Publication des prix.

» Art. 30. Les affiches de spectacle ne pourront être apposées que sur les emplacements où cet affichage ne peut nuire à la circulation, et en se conformant d'ailleurs aux prescriptions générales de l'ordonnance de police du 3 septembre 1851.

» Art. 31. Est et demeure prohibée, à moins d'une autorisation et à l'exception de l'affiche du spectacle, toute apposition d'affiches ou inscription d'annonces industrielles et autres à l'intérieur des théâtres, soit sur les rideaux, soit dans les péristyles, escaliers et corridors, soit dans les foyers.

» Art. 32. Il est expressément défendu aux directeurs de faire annon-

cer sur leurs affiches la première représentation d'un ouvrage sans
avoir préalablement justifié, au commissariat de police du quartier, de
l'approbation du manuscrit par l'autorité.

» Art. 33. Les affiches obligatoires du spectacle du jour seront imprimées sur papier de format de 5 centimes ou de 10 centimes, au gré
des directeurs, pourvu que la dimension ne dépasse pas $0^m,63$ de hauteur sur $0^m,43$ de largeur.

» Art. 34. Ces affiches ne pourront être apposées au-dessous de
$0^m,50$ ni à une élévation dépassant $2^m,50$, à partir du sol.

» Art. 35. Les changements survenus dans le spectacle du jour ne
pourront être annoncés que par des bandes de papier blanc appliquées
sur les affiches du jour, avant l'ouverture de la salle au public.

» Il est interdit aux directeurs d'annoncer ces changements par de
nouvelles affiches imprimées, quelle que soit la couleur du papier.

» Art. 36. Le tarif du prix des places, pour chaque représentation,
devra toujours être indiqué très-ostensiblement sur les affiches, en
même temps que la composition des spectacles annoncés.

» Un exemplaire sera apposé au bureau du théâtre et à tous autres
qui pourraient être établis comme succursales.

» Ledit tarif devra être inscrit en tête de chaque feuille de location,
pour que le public soit toujours utilement averti de ses variations.

» Une fois annoncé, le tarif de chaque représentation ne pourra être
modifié.

» Art. 37. Les directeurs ne doivent émettre aucun billet indiquant
plusieurs catégories de places, au choix des spectateurs; réciproque-
ment, ceux-ci ne peuvent s'installer qu'aux places portées sur leurs
billets.

» Art. 38. Ils ne peuvent louer à l'avance que les loges et les places
converties en fauteuils ou en stalles ou, dans tous les cas, numérotées.

» La location doit cesser avant l'heure de l'introduction du public
dans la salle.

» Art. 39. Les places louées doivent être inscrites sur la feuille de
location; l'étiquette indicative ne peut être placée que sur celles qui
figureront sur ladite feuille.

» Art. 40. Il est enjoint aux directeurs de faire remettre au commissaire de police de service, avant l'introduction du public, un double de
la feuille de location.

Entrée. — Police extérieure.

» Art. 41. La salle devra être livrée au public et la représentation commencer aux heures indiquées par l'affiche.

» Les bureaux de distribution des billets devront être ouverts au moins une demi-heure avant le lever du rideau.

» Art. 42. Il est défendu d'introduire des spectateurs dans la salle avant l'ouverture des bureaux.

» Aucun spectateur n'entrera que par les portes ouvertes au public.

» Les files d'attente seront établies hors de la voie publique.

» Art. 43. Il est défendu de s'arrêter dans les péristyles et vestibules servant d'entrées aux théâtres et de stationner aux abords de ces établissements.

» Art. 44. Il ne peut y avoir pour le service public, a l'entrée des théâtres, que des commissionnaires permissionnés par nous et porteurs de leurs insignes réglementaires.

Prohibition de vente de billets ou contre-marques sur la voie publique.

» Art. 45. La vente et l'offre de billets ou contre-marques et le racolage ayant ce trafic pour objet sont formellement interdits sur la voie publique.

» Art. 46. Tout individu trouvé vendant ou offrant des billets ou contre-marques sur la voie publique, ou racolant pour en procurer aux passants, sur lieu ou dans une localité quelconque, sera conduit devant le commissaire de police, qui avisera.

Dépôt des armes, cannes et parapluies au vestiaire.

» Art. 47. Il est défendu d'entrer au parterre et aux amphithéâtres avec des armes, cannes ou parapluies. Un vestiaire destiné à recevoir ces objets en dépôt sera établi dans chaque théâtre, de telle sorte que la circulation ne soit pas gênée.

» Un exemplaire du tarif fixé par l'arrêté de police du 18 décembre 1841 sera affiché au vestiaire.

Police intérieure de la salle et de la sortie.

» Art. 48. Il est enjoint aux directeurs de faire fermer, pendant le spectacle, les portes de communication de la salle aux coulisses, aux foyers particuliers et aux loges des artistes, où il ne doit être admis aucune personne étrangère au service du théâtre.

» Une clef de la porte communiquant de l'intérieur de la salle à la scène sera mise, avant la représentation, à la disposition du commissaire de police de service.

» Art. 49. Il est défendu de placer des siéges, chaises ou tabourets dans les passages ménagés pour la circulation, notamment des personnes se rendant à l'orchestre, au parterre, aux galeries et aux amphithéâtres.

» Art. 50. Il est défendu de parler ou de circuler dans les corridors, pendant la représentation, de manière à troubler le spectacle.

» Art. 51. Il est également défendu, soit avant, soit après le lever du rideau, de troubler l'ordre en causant du tapage, en faisant entendre des interpellations ou des clameurs.

» Art. 52. Les spectateurs ne peuvent demander l'exécution d'un chant, morceau de musique ou récit quelconque qui n'est pas annoncé dans les affiches du jour.

» Art. 53. Nul ne peut avoir le chapeau sur la tête lorsque le rideau est levé.

» Art. 54. Il est défendu de fumer dans les salles de spectacle et sur la scène.

» Art. 55. Toutes les fois que dans une représentation on devra faire usage d'armes à feu, le commissaire de police s'assurera qu'elles ne sont chargées qu'à poudre.

» Art. 56. Il ne peut être annoncé, vendu ou distribué dans l'intérieur comme à l'extérieur des salles de spectacle, d'autres écrits que des pièces de théâtre portant l'estampille du ministère, et les programmes de spectacle, journaux et imprimés dont la vente et la distribution ont été dûment autorisées.

» Art. 57. Les objets perdus par le public et trouvés dans l'intérieur des salles de spectacle par les ouvreuses ou employés du théâtre, qui n'auront pu, pendant la représentation, être remis au commissaire de police de service, devront être déposés le lendemain au bureau du commissariat du quartier où est situé le théâtre.

» Art. 58. A la fin du spectacle, toutes les portes latérales et autres issues seront ouvertes pour faciliter la sortie du public.

» Les battants de ces portes devront s'ouvrir en dehors, et leurs abords, tant à l'intérieur qu'à l'extérieur, seront constamment libres de tout obstacle et embarras.

» Toutes les portes des loges s'ouvriront de l'intérieur et à la volonté des spectateurs.

» Art. 59. Il est expressément défendu aux directeurs de faire cesser l'éclairage dans l'intérieur de la salle, dans les escaliers, corridors et vestibules avant l'entière évacuation du théâtre.

» Art. 60. Des lampes brûlant à l'huile, contenues dans des manchons de verre, allumées depuis l'entrée du public jusqu'à la sortie, seront placées en nombre suffisant, tant dans la salle que dans les corridors et escaliers, pour prévenir une complète obscurité, en cas d'extinction subite du gaz.

Heure de clôture.

» Art. 61. L'heure de clôture des représentations théâtrales est fixée à MINUIT *précis* en tout temps.

» Dans les cas de représentations extraordinaires ou à bénéfice, il pourra être dérogé à la règle, mais sur la demande expresse que devront nous adresser les directeurs.

Circulation des voitures.

» Art. 62. Les voitures ne peuvent arriver aux différents théâtres que par les voies désignées dans les consignes.

» Il est défendu aux cochers de quitter, sous quelque prétexte que ce soit, les rênes de leurs chevaux pendant que descendent et montent les personnes qui occupent la voiture.

» Art. 63. Les voitures particulières ou retenues, destinées à attendre jusqu'à la fin du spectacle, doivent aller stationner sur les points désignés.

» Art. 64. A la sortie du spectacle, les voitures qui auront attendu ne pourront se mettre en mouvement que lorsque la première foule se sera écoulée.

» Art. 65. Les voitures de place ne chargeront qu'après le défilé des autres voitures.

» Art. 66. Aucune voiture ne pourra aller qu'au pas et sur une seule file jusqu'à ce qu'elle soit sortie des rues avoisinant le théâtre.

Dispositions générales.

» Art. 67. Les directeurs des théâtres subventionnés restent soumis envers l'administration aux clauses et conditions du cahier des charges. En conséquence, la présente ordonnance ne leur est applicable que sous les réserves résultant de leur situation exceptionnelle.

» Art. 68. Sont astreints, comme par le passé, à notre autorisation préalable et, par conséquent, laissés en dehors de la présente ordonnance, les *cafés-concerts* et *cafés* dits *chantants*, où les exécutions instrumentales ou vocales doivent avoir lieu en habit de ville, sans costumes ni travestissement, sans décor et sans mélange de prose, de danse et de pantomime, les spectacles de curiosités, de physique, de magie, les panoramas, dioramas, tirs, feux d'artifice, expositions d'animaux, exercices équestres, spectacles forains et autres exhibitions du même genre qui n'ont ni un emplacement durable, ni une construction solide.

» Art. 69. Sont et demeurent rapportés les ordonnances et arrêtés précédents en contradiction ou en double emploi avec la présente, notamment les ordonnances des 9 juin 1829, 26 décembre 1832, 3 octobre 1837, 22 novembre 1838, 7 mars 1839, 15 juin 1841, 23 novembre 1843, 30 mars 1844; l'arrêté du 11 mars 1845, et les ordonnances des 8 mars 1852 et 16 mars 1857.

» Art. 70. La présente ordonnance sera imprimée, publiée et affichée à Paris et dans les communes du ressort de la préfecture de police. Elle sera apposée, au moins en extrait, dans des cadres grillés placés en permanence sous les vestibules et dans les corridors des salles de spectacle, sur les points où la circulation n'en serait pas gênée.

» Sont chargés d'en assurer l'exécution, chacun en ce qui le concerne,

» A Paris, le commissaire chef de la police municipale, les commissaires de police, inspecteurs divisionnaires, officiers de paix et autres préposés de la préfecture de police.

» Et dans les villes et communes du département de la Seine et du département de Seine-et-Oise, placés sous notre juridiction, les sous-préfets des arrondissements de Saint-Denis et de Sceaux, les maires, commissaires de police et tous les agens de la force publique.

» Le colonel de la garde de Paris, le colonel de la 1re légion de gendarmerie, le lieutenant-colonel commandant les sapeurs pompiers et le commandant de la gendarmerie de la Seine sont requis de concourir à son exécution.

Le Préfet de police.

Toutes les dispositions de cette ordonnance sont fort importantes. A chaque instant, dans la pratique, on est entraîné à les enfreindre ou à les méconnaître.

Ainsi, pour ne citer qu'un seul exemple, plusieurs agents de publicité avaient traité avec divers théâtres de Paris, en vue de l'Exposition de 1867, de l'achat de rideaux d'annonces, sans avoir le moindre souci de l'article 31 de l'ordonnance ci-dessus, qui prohibe expressément ce mode de publicité dans les théâtres.

Au fond, l'ordonnance de 1864 ne fait guère que viser les ordonnances antérieures des 9 juin 1829 et 16 mars 1857 ;

Elle ne s'en écarte et n'y fait novation que dans l'article intitulé : *Déclaration préalable,* et dans l'article 2 : *Mesures d'isolement.*

Cette dernière modification est à noter en ce que précédemment on exigeait rigoureusement, pour la construction de chaque nouveau théâtre, un isolement de trois mètres au moins tout autour de l'édifice, ce qui était une non-valeur considérable au détriment de l'entrepreneur. Ainsi, sur une surface de mille à douze cents mètres, nécessaire pour l'édification d'un théâtre tel, par exemple, que le Gymnase-Dramatique, le constructeur pouvait être exposé à perdre trois cents mètres environ pour raison de cet isolement !

On a reconnu que cet isolement était, suivant l'expression de M. Jules Janin, *la précaution inutile.* « Employez la brique, a-t-on ajouté, et voilà le feu renfermé dans son foyer. Considérez un théâtre comme un fourneau, il n'incendiera pas ses voisins. On n'isole pas les fourneaux où se fond la fonte à Saint-Etienne, et ils ne brûlent jamais ! »

Telles sont les idées qui ont prévalu dans la nouvelle rédaction des termes de l'ordonnance relatifs aux mesures d'isolement.

Un autre point nouveau, réglementé par l'ordonnance de

juillet 1864, est celui qui concerne les affiches de spectacle.

On voit à l'article 33 que ces affiches ne doivent pas excéder une dimension déterminée.

Cette restriction semble, au premier abord, être une atteinte portée à la liberté de l'industrie théâtrale, les autres industries s'affichant à leur guise, en tous formats, sous la seule réserve du droit de timbre.

Mais il y a ici deux choses à considérer : la première, c'est que les théâtres sont restés des établissements d'ordre public ; qu'à ce titre l'autorité a le droit de veiller à ce que leurs conditions d'intérêt général soient remplies, c'est-à-dire, dans le cas présent, de déterminer, pour la commodité du public, un affichage d'ensemble de tous les spectacles et divertissements autorisés.

La seconde chose à considérer, c'est que l'administration fournissant ou contribuant à fournir les emplacements nécessaires pour l'affichage en commun des spectacles, elle devait s'inquiéter de l'emploi abusif que tel ou tel directeur pourrait faire des formats supérieurs d'affiches, en usurpant ainsi les surfaces murales, au détriment des autres théâtres.

C'est dans cette pensée de justice distributive qu'a été conçu l'article 33, relatif à l'affichage en commun.

On peut constater cependant d'assez fréquentes dérogations à cet article : les affiches en commun sont loin de présenter un format uniforme. Mais ici la tolérance de l'administration se justifie par la diversité des lecteurs auxquels l'affichage s'adresse. En général, ce sont les théâtres à spectacle ou les entreprises naissantes qui ont recours aux grandes affiches supplémentaires. Ces spectacles ou ces entreprises nouvelles sollicitent plus particulièrement les classes populaires, qui se rendent volontiers à l'appel des fanfares et de la grosse caisse. La lettre gigantesque, le format de grande dimension, c'est la grosse caisse de l'affichage : ces procédés bruyants sont parfois utiles.

Le *Cirque américain*, établi momentanément au *Théâtre du Prince-Impérial*, et dont les affiches gigantesques ne couvraient pas moins de dix mètres de surface, paraît s'être fort bien trouvé de ces annonces inusitées.

La question des affiches de spectacle entre, d'ailleurs, dans une phase toute nouvelle par suite du projet qu'a conçu la ville de Paris de concéder 150 colonnes, d'architecture spéciale, à édifier sur tous les boulevards existant ou à créer. Cet affichage sera complété par un système de 150 placards affiches d'un mètre environ, qui réuniront tous les spectacles, et qui seront apposés à l'extérieur de divers établissements.

L'arrêté de juillet 1864 dispose encore que les directeurs de théâtre auront désormais le droit de tarifer le prix de leurs places suivant qu'ils le jugeront convenable.

Cette faculté d'élever ou d'abaisser le prix des places était une des conséquences les plus naturelles de la liberté de l'industrie théâtrale. On s'en est un peu étonné d'abord ; la routine a protesté, comme toujours ; mais on s'est bien vite aperçu que cette faculté était de droit commun pour les directeurs comme pour les autres commerçants, et que l'ordre public n'était nullement troublé parce que tel ou tel théâtre, autorisé par le succès, augmentait ses fauteuils et loges de un ou plusieurs francs par place.

Le mouvement étant donné, les théâtres subventionnés ont pu mettre à profit ces habitudes nouvelles, malgré les stipulations contraires de leurs cahiers de charges. Ainsi l'Opéra a été autorisé à élever ses fauteuils au taux de *trente francs*, au lieu de sept, lors d'une des représentations de gala données à l'occasion de la présence à Paris de plusieurs souverains conviés par l'Empereur aux merveilles de l'Exposition.

La liberté théâtrale a favorisé l'ouverture d'établissements
particuliers où les billets de spectacle se vendent en subissant, ainsi que dans une sorte de bourse théâtrale, la fluctuation du succès ou de l'insuccès.

Comme spéculation privée, la création de ces bureaux
paraît être fructueuse, ce qui impliquerait qu'ils ont leur
utilité et leur raison d'être pour le public.

Nous les mentionnons pour mémoire et afin de compléter
l'état sommaire que nous présentons ici des résultats de la
liberté des théâtres.

Voyons maintenant quelles ont été et quelles seront, aux
divers points de vue qui nous occupent, les conséquences
de la liberté que chacun a désormais de construire un
théâtre nouveau.

La première de toutes ces conséquences semblait, avant
le 1er juillet 1864, devoir être l'éclosion instantanée d'une
foule innombrable de théâtres.

Les timides prédisaient la concurrence effrénée, les faillites succédant aux faillites, le bouge remplaçant la salle
de spectacle, la langue dégradée se pavanant sur les scènes
nouvellement improvisées; bref, Paris devait être subitement transformé en une Babylone et une Babel théâtrales (1).

(1) C'est alors que notre ami Clairville improvisa les couplets que voici et qui,
sous une forme plaisante et spirituelle, résument bien les craintes des pessimistes
au début de la liberté théâtrale.

> On ne me voulait pas;
> Les heureux, ici-bas,
> Ne sont jamais flattés
> De recevoir des libertés.

> Mais je triomphe! et telle est ma puissance
> Que, malgré ceux qui se sont rebiffés,
> J'élève autant de théâtres en France
> Que l'on y voit aujourd'hui de cafés.

> J'en mets dans tous les coins;
> J'en veux dix mille au moins.

Sérieuses ou plaisantes, ces craintes étaient chimériques.

Qu'aux premiers jours de la liberté théâtrale, des spéculateurs, alléchés par l'espoir de grosses recettes, aient bâti quelques théâtres de plus qu'il n'en fallait pour les divertissements de la population parisienne, cela les regarde. Qu'il y ait eu des catastrophes, c'est possible ; tous les jours on voit un industriel faire faillite, et les directeurs de spectacle ne sont, après tout, que des industriels. Cependant on commence à voir que le prix élevé du terrain retient les plus audacieux, et que les capitalistes ne se lanceront désormais qu'après mûre réflexion dans la construction de grandes salles nouvelles. L'industrie théâtrale subissant, comme les autres industries, l'inexorable loi de

> Dix mille directeurs
> Devront avoir cent mille auteurs.
>
> Cent mille auteurs, s'ils font tous cinq ouvrages,
> C'est cinq cent mille ouvrages qu'on fera,
> Et s'ils n'ont pas tous les mêmes suffrages,
> Sur le grand nombre on se rattrapera.
>
> Nous en aurons de gais,
> De fort bien intrigués,
> Et d'ennuyeux pour ceux
> Qui veulent du genre ennuyeux.
>
> Bientôt Paris, si je tiens mes promesses,
> Se couvrira d'artistes et d'auteurs ;
> Car, pour jouer mes cinq cent mille pièces,
> Il me faudra quatre cent mille acteurs.
>
> Dix mille directeurs,
> Vingt mille régisseurs,
> Trente mille allumeurs,
> Quarante mille contrôleurs.
>
> En costumiers, costumières, choristes,
> Décorateurs, afficheurs et caissiers,
> Musiciens, pompiers et machinistes,
> C'est deux ou trois millions d'employés.
>
> Et mes seules frayeurs
> C'est quand j'aurai souffleurs,
> Auteurs, acteurs, claqueurs,
> De n'avoir plus de spectateurs !

l'offre et de la demande, tout se règle déjà le plus naturellement du monde.

Ce qui tend à sortir du nouveau système comme l'effet sort de la cause, c'est *le petit théâtre.*

Le petit théâtre ! Que d'accusations portées contre lui ?

C'est la mort de l'art, c'est la décadence du goût, c'est le retour du tréteau !

Et cependant, dit M. Edouard Fournier que nous sommes heureux de citer encore, c'est le petit théâtre du Marais qui, en 1792, commença la réputation des deux Baptiste ; c'est là que débuta l'excellent Duparrai, stylé par Beaumarchais lui-même, qui fit jouer sa *Mère coupable* sur cette scène plus que modeste.

Le théâtre de la rue de Louvois nous a donné Picard et tout son répertoire. Celui de la rue de Chartres a mis en lumière presque aussitôt après son ouverture, sur les ruines du bal du Panthéon, le charmant répertoire de Barré, Piis et Desfontaines, et celui de l'épicurien Désaugiers.

Le *Théâtre national* produisit la célèbre *directrice*, mademoiselle Montansier, qui se fit un nom si fameux lorsqu'elle eut peu à peu établi au Palais-Royal ce petit théâtre d'où nous vinrent, dès l'origine, les meilleures pièces de Desforges et de Pigault-Lebrun.

Dumersan, l'auteur des *Cuisinières* et des *Saltimbanques*, a fait son premier vaudeville pour le théâtre que Boursault ouvrit rue Saint-Martin, sous l'enseigne hardie de *théâtre Molière.*

Ce Boursault, qui venait de Marseille, où il avait appris l'art de ne douter de rien, était le plus osé des directeurs. Un théâtre croulait-il sous lui, il en établissait sans tarder un autre sur ses ruines, et il était toujours content pourvu qu'on parlât de lui.

Boursault, par cette façon de devancer la réclame personnelle, si bien en crédit de notre temps, était un homme de progrès. Il le fit voir d'une manière plus digne quelques années après, lorsque dans cette même salle. du *théâtre Molière*, il établit les *Variétés étrangères*. Il trouvait, et avec raison, que la littérature dramatique de nos voisins les Anglais et les Allemands était trop inconnue chez nous. Il fit donc faire des traductions de leurs chefs-d'œuvre, et il les joua. Les traductions étaient mauvaises et on les jouait mal, qu'importe ! Le goût. du théâtre étranger, entré en France par cette porte basse, y resta, et le meilleur de la littérature romantique en a jailli.

Du petit théâtre Doyen, sont sortis : Arnal, Samson. Lafont ; du théâtre des Jeunes Elèves : Firmin, Rose Dupuis, Lepeintre jeune, Déjazet !

Le petit théâtre a produit Rachel !

Le théâtre Comte, les théâtres Seveste, ont servi d'école à la plupart des artistes dramatiques contemporains ;

La création des Bouffes-Parisiens a fait éclore et s'envoler au grand air de la célébrité toute une nichée de succès, tandis que la petite scène de mademoiselle Déjazet a révélé la verve de Sardou.

Nos meilleurs auteurs dramatiques ont presque tous fait leurs premières armes sur des scènes secondaires.

Le petit théâtre ! mais c'est l'initiation, c'est la pépinière dramatique ; son exploitation peu coûteuse lui permet de tenter des essais, d'accueillir de nouveaux venus. Dépensant moins d'argent, il dépense plus d'esprit ; il imite Scarron disant à sa femme, les jours de maigre chère : « Un plat manque, vite un conte ! »

Là on pardonne aux auteurs de se borner à des œuvres de moindre importance, et de chercher simplement à reproduire les détails familiers de la vie courante.

Parmi ces auteurs secondaires il en est qui deviendront

des maîtres! Vous souriez! Vous dites : l'immense majorité ne dépassera point les niveaux inférieurs.

A cela n'y a-t-il pas des compensations?

Si, de nos jours, la lumière intellectuelle est moins accumulée dans quelques foyers sublimes, par contre, elle est plus diffuse, elle est plus divisée dans les masses ; ce qu'elle a en moins dans le sens de la profondeur, elle l'a en plus dans le sens de la surface ; c'est le nivellement de l'esprit.

Pour compléter les bienfaits de l'article 1ᵉʳ du décret relatif à la liberté de construction des salles de spectacle, il resterait à créer le *grand théâtre à bon marché!*

En effet, le théâtre, tel qu'il existe actuellement, tend de plus en plus à devenir un plaisir de luxe. Tout contribue fatalement à ce résultat : prix élevé des loyers, droits exorbitants des pauvres, des auteurs, des compositeurs de musique, des artistes ; frais croissants de la mise en scène, de la main-d'œuvre, des matières premières, etc.

Comment, dans de telles conditions, un directeur pourrait-il ne réclamer du public qu'une rétribution inférieure? Quand la fabrication devient coûteuse, le prix de vente s'élève forcément.

Il résulte de là qu'à part les représentations du dimanche, le théâtre est de moins en moins une récréation populaire : il ne s'adresse dans la semaine qu'à un public relativement riche ou aisé.

Quand le mot d'ordre est donné par ce public d'élite, les spectateurs se suivent et, sans se ressembler, ils acceptent le jugement prononcé par l'aréopage du goût.

Cet état des esprits et des choses a créé une littérature légère, fine, railleuse, qui est merveilleusement appropriée au goût des régions élevées de notre société contemporaine.

Mais peut-être faudrait-il aux classes secondaires un régime moins... picaresque. Sans retomber dans les lieux communs et usés de *la Croix de ma mère!* et du *Merci, mon Dieu!* peut-être y aurait-il moyen de réhabiliter sur un théâtre populaire et à bon marché le drame à effets pathétiques dont on rit, parce qu'on n'ose plus pleurer !

Le théâtre du Prince-Impérial nous semblerait propice à ce genre d'essai. Le public habituel des théâtres de genre ne serait peut-être pas chargé d'y donner le ton ; mais le petit employé, le boutiquier, le rentier modeste pourraient y économiser le bois, la bougie et l'huile d'une soirée tout entière, en se procurant à un prix égal à ces dépenses, une intelligente récréation.

En somme, la liberté n'a pas été stérile en ce qui concerne le droit imparti à chacun de construire des théâtres nouveaux.

Cette liberté a produit un certain nombre de petits théâtres. Prochainement on lui devra, nous l'espérons, le *grand théâtre populaire à bon marché*.

Parmi les petits théâtres issus du régime de la liberté, il serait injuste de ne pas mentionner : les *Fantaisies-Nouvelles*, qui, sous la direction éminemment artistique de M. Martinet, témoignent de tendances véritablement musicales ;

Le théâtre Saint-Germain, régénéré par M. Larochelle ;

Les Menus-Plaisirs, dont la presse a été unanime à reconnaître l'excellente organisation ;

Le *théâtre Lafayette*, etc., etc.

Enfin la période nouvelle a produit le *Théâtre-International du champ de Mars*.

Notre participation à l'enfantement de cette affaire nous autorise à lui consacrer quelque développement.

Dans le commencement de l'année 1867, la commission générale de l'Exposition universelle publia le programme suivant :

EXPOSITION UNIVERSELLE DE 1867, A PARIS

Des moyens de représenter à l'Exposition la Musique, l'Art dramatique et les Récréations nationales des divers pays.

« L'activité humaine s'exerce principalement sous trois formes diverses, mais indissolublement liées. Par la science, nous poursuivons le vrai; par l'industrie, nous réalisons l'utile; par les arts enfin, nous essayons de fixer l'expression fugitive du beau. Une exposition ne saurait prétendre au titre d'universelle si elle n'embrassait pas ces trois manifestations de la puissance humaine; elle ne saurait donc négliger la dernière. C'est par les beaux-arts, en effet, qu'un peuple révèle pleinement son caractère, ses instincts, sa manière d'envisager tous les grands problèmes moraux; c'est par eux qu'il donne le moule particulier de son esprit et la méthode spéciale qui le guide dans les voies du progrès.

» Les arts peuvent se diviser en deux grandes classes : ceux qui, s'adressant à la vue, se révèlent spontanément; telles sont la peinture, la sculpture, l'architecture: ceux qui, s'adressant plus particulièrement à l'ouïe, sont perçus par mouvements successifs, telles sont la musique et la poésie. Jusqu'ici les premiers de ces arts avaient seuls été admis dans les expositions universelles; les seconds avaient été repoussés en raison des difficultés qui semblaient inhérentes à leur mode de manifestation.

» On ne saurait se contenter, en 1867, d'une solution qui supprime certains côtés de la question pour n'avoir pas à les résoudre, d'autant mieux que ces difficultés sont plus apparentes que réelles.

» En ce qui concerne la musique, la solution est simple. L'exposition musicale aura lieu par des concerts où les artistes des différents pays exécuteront des mélodies nationales et, tout en faisant connaître le génie harmonique de chaque contrée, contribueront à délasser agréablement l'esprit des visiteurs.

» Un instant de réflexion suffit pour démontrer que le genre le plus élevé de la littérature, c'est-à-dire l'art dramatique, peut également prendre place dans ce concours universel.

» On l'a dit avec raison, le drame est l'expression la plus haute de la poésie; on pourrait même ajouter qu'il est le résumé de tous les arts. Il est à la fois plastique et pittoresque; il doit à la poésie son origine et son moyen d'action, qu'il complète par la pantomime (rangée fort justement par les encyclopédistes au nombre des beaux-arts, dont elle termine la série). Enfin la musique contribue elle-même à son éclat, soit directement comme dans l'opéra, soit indirectement en préparant l'esprit aux émotions du spectacle. Considérée à ce point de vue, la littérature dramatique a sa place marquée dans une exposition universelle, comme offrant à la fois une expression résumée de tous les arts et un moyen facile de comparer l'état intellectuel et moral des différents peuples.

» Il y a dans chaque pays un certain nombre de spectacles populaires qui, tout en étant d'un genre très-secondaire, représentent exactement certains instincts nationaux. Tels sont, pour prendre des exemples, les marionnettes, les pantomimes, les jeux de force et d'adresse, les saynètes espagnoles, les vaudevilles français, les clowns anglais, les pupazzi de Brescia, les ombres chinoises, les fantoccini romains, les danses et chansons nationales, etc., etc.

» Il paraît utile de représenter ces spectacles à l'Exposition. Pour cela, on pourrait établir dans les diverses parties du parc de petits théâtres : on y donnerait, le jour comme le soir, à des prix très-réduits, des représentations de courte durée qui auraient un cachet pittoresque et présenteraient un intérêt réel.

» D'autre part, la littérature de chaque pays possède un certain nombre de chefs-d'œuvre qui appartiennent en quelque sorte à l'humanité tout entière. La tragédie et la comédie, dans leur essence, ne représentent-elles pas le triomphe des lois éternelles du juste et du vrai sur les conceptions imparfaites et quelquefois criminelles de l'homme? Elles devraient trouver leur place sur un théâtre universel construit à cet effet. La nécessité de choisir dans le répertoire très-étendu des peuples les plus avancés de l'Europe les pièces destinées à être jouées pendant la durée relativement courte de l'exposition imposera le devoir de ne représenter que les œuvres consacrées par l'approbation unanime. Telles seraient, en France, le *Cid*, *Polyeucte*, le *Tartufe*, le *Misanthrope*, *Phèdre*, *Athalie*; en Angleterre, *Macbeth*, *Hamlet*, *Othello*, l'*École du scandale*; en Allemagne, *Iphigénie*, *Faust*, *Wallenstein*. Telles seraient encore certaines pièces d'Alfieri et Calderon. Tels seraient aussi certains opéras de Rossini, Auber, Donizetti, Meyerbeer. Telles pourraient être enfin certaines de ces pièces modernes qui, bien que d'un genre inférieur, empruntent un remarquable éclat à la richesse de la mise en scène. C'est ainsi que le théâtre de l'Exposition deviendrait la plus haute expression du génie de l'homme.

» S'il était besoin d'ajouter une considération accessoire à ces principes, ne serait-il pas d'une importance majeure de compléter, par l'adjonction d'une scène d'élite, les attraits de tout genre que réunira le parc de l'Exposition? Un théâtre d'été, établi suivant les plans les meilleurs, réunissant l'ensemble des perfectionnements modernes, ne doit-il pas figurer, même au point de vue matériel, parmi les annexes de ce grand concours international? Poser la question, c'est la résoudre, surtout depuis qu'un décret récent a imprimé une énorme activité aux nombreuses et diverses branches de la mécanique et de la décoration théâtrales.

» Ce qui distingue ce projet en apparence si complexe, lorsqu'on l'étudie avec soin, c'est justement la facilité avec laquelle il pourra être mis en pratique. En effet, les objections que l'on pourrait tirer de l'éloignement du champ de Mars et de la saison d'été tombent d'elles-mêmes, si l'on songe que le champ de Mars sera, à cette époque, le véritable centre de Paris, si l'on se rappelle les fortes recettes des théâtres ordinaires en 1855. Le succès pourrait-il être un instant douteux pour un théâtre exceptionnel qui réunira les chefs-d'œuvre des différents pays, joués par les principaux artistes?

» Il ne s'agit donc que de choisir parmi les combinaisons qui se présenteront, celle qui, tout en offrant des garanties suffisantes et en sauvegardant le mieux l'intérêt général, donnera le plus grand éclat à cette exposition universelle de l'art dramatique.

» Le concours des artistes étrangers est assuré, car ils seront attirés à Paris et par le désir de visiter l'Exposition de 1867 et d'y participer dans leur mesure, et par l'espoir d'obtenir une rémunération précisément à l'époque de l'année où les engagements sont partout désavantageux; les prix du voyage seront, en outre, sensiblement diminués par les réductions de tarif que les compagnies de chemin de fer ne sauraient refuser en de telles circonstances.

» Comment ne pas compter sur l'appui des principaux artistes de l'Europe, lorsque le désir de remporter un triomphe devant le public le plus éclairé venu de tous les points du monde se joindra chez eux aux puissantes suggestions de l'intérêt matériel? Comment ne pas compter également sur le concours de toutes les personnes compétentes qui, par goût ou par métier, s'occupent de ces questions, en présence du grand résultat que l'on cherche?

» Ces considérations portent dans tous les esprits impartiaux la conviction du succès. »

Certes, voilà un programme remarquablement conçu et rédigé. Les vues y sont grandioses, libérales, artistiques. Mais de ce plan si magnifique au début, qu'est-il sorti à l'exécution?...

On s'arrêta donc à l'idée d'élever un théâtre *international* au champ de Mars.

Une grave question se présenta dès l'abord : qui construirait ce théâtre ?

Il apparaissait aux artistes et aux hommes spéciaux, que ce devait être une sorte de monument modèle, et qu'à ce titre, le commissaire général avait, en quelque sorte, l'obligation de le faire édifier, avec les ressources dont il disposait, d'une façon digne du souverain qui conviait le monde entier au champ de Mars, et digne aussi de l'art dramatique, dont ce théâtre devait être le temple à la grande exposition de 1867.

Par malheur, des raisons d'économie firent rejeter ce plan libéral : on arrêta que ce théâtre serait entrepris par l'industrie particulière et à ses risques et périls.

Cette conclusion faisait, du premier coup, déchoir l'idée : elle l'abaissait à un niveau inférieur de spéculation privée.

Notre intention n'est point de formuler un blâme, mais simplement un regret.

M. Leplay, commissaire général de l'Exposition, a dû craindre, surtout au début de cette œuvre gigantesque, d'être débordé dans l'exécution. Il s'est montré aussi prodigue de ses peines, de ses soins et de ses grandes ressources intellectuelles qu'il a été rigide défenseur du capital de garantie souscrit par les exposants. Cela explique pourquoi il n'a pas insisté pour faire édifier le théâtre par la commission impériale.

Encore une fois, on peut le regretter ; mais on ne saurait se permettre le moindre blâme à l'égard de celui qui a concouru, avec une capacité exceptionnelle, à réaliser la pensée du souverain et à faire la plus admirable chose du siècle !

Cependant un concours fut ouvert, afin d'arriver à la construction et à l'exploitation du théâtre projeté.

Déjà nous étions entré en rapports avec M. le commissaire impérial : ses encouragements nous avaient déterminé à participer au concours, et malgré la déclaration très-nette que nous lui avions faite dès le principe, de l'impossibilité de trouver des capitaux pour élever un moment coûteux destiné à ne vivre que sept mois, voici en abrégé et à la date du 15 juin 1865, notre travail sur cette question :

« Monsieur le commissaire général, vous avez admis en principe la création d'un théâtre dans le parc de l'Exposition universelle de 1867.

» Mais vous avez laissé à l'industrie privée le soin et la responsabilité pécuniaire de ce genre d'entreprise.

» Un concours est ouvert à l'effet de réaliser ces projets.

» Comment doit s'opérer cette réalisation ? Se bornera-t-on à octroyer à un soumissionnaire solvable le droit de construire un théâtre, et ensuite, de l'exploiter à sa guise, au mieux de ses intérêts personnels ?

» Adhérer à ce programme sommaire serait purement et simplement créer une succursale amoindrie de l'un des théâtres existant dans la capitale.

» Si, par impossible, l'entrepreneur tentait de se préoccuper d'art, ou tout au moins de variété dans les genres, il serait ruiné à l'avance, puisqu'il se mettrait dans la nécessité d'engager à la fois des troupes de chant, de comédie, de drame, de ballet ; de former un immense matériel en décors, costumes et partitions ; de faire composer des pièces spéciales et de subir alors la chance du succès ou de l'insuccès de ces pièces (car il lui serait interdit de recourir au répertoire connu et courant appartenant aux théâtres de Paris) ; en un mot de supporter dans un seul théâtre les frais de plusieurs, sans pouvoir jamais obtenir des recettes correspondantes à ces dépenses multiples.

» Un tel programme serait irréalisable.

» J'imaginerais donc un autre plan reposant :

» 1° Sur ce principe que le théâtre de l'Exposition universelle doit donner asile à tous les genres dramatiques appuyés par la meilleure interprétation possible.

» 2° Sur cet autre principe que tous les genres étant exprimés à Paris d'une manière généralement supérieure par les théâtres qui les exploitent à l'aide d'auteurs et d'artistes expérimentés, c'est à ces théâtres eux-mêmes qu'il conviendrait de s'adresser pour les faire venir, à tour de rôle, exposer sur le théâtre du parc leurs pièces, leurs artistes, leur musique, leurs décors.

» Enfin les théâtres de l'étranger et, au besoin même, certains grands théâtres de la province pourraient être conviés à ce congrès dramatique.

» De la sorte, le théâtre de l'Exposition universelle deviendrait un véritable spécimen de l'art, et il offrirait un attrait puissant à la curiosité, tout en restant dans des conditions d'élégance et de goût en harmonie avec les promesses brillantes de votre programme officiel.

» Il ne faut pas se dissimuler que les moyens d'exécution présentent de bien grandes difficultés :

» En effet, le théâtre à construire coûtera deux cent mille francs au moins.

» Comment retrouver cette somme? Est-ce avec les recettes du théâtre? mais il faudrait admettre comme certain que le bénéfice à recueillir pendant sept mois seulement de l'exploitation théâtrale se chiffrerait par un minimum de deux cent mille francs.

» Quel entrepreneur se risquerait sur de semblables évaluations?

» C'est donc à d'autres ressources qu'il conviendrait de faire appel.

» Ces ressources, on pourrait les trouver dans des concessions telles que : le droit imparti au directeur du théâtre du champ de Mars, de sous-louer, à son profit, l'exploitation d'un ou deux cafés-concerts ;

» De sous-louer des boutiques annexées au théâtre ;

» D'exploiter ou de faire exploiter, par privilége exclusif, des spectacles de physique, de marionnettes, etc. ;

» Enfin, d'affermer la publicité de l'intérieur de la salle.

» Ces diverses concessions atteindront peut-être, mais ne dépasseront pas, j'ai tout lieu de le croire, le chiffre réel de la construction.

— Cependant, on pourrait sur ces bases, chercher à asseoir une combinaison financière.

» En ce qui concerne le programme d'exploitation, il faudrait faire desservir le théâtre du champ de Mars par les théâtres de Paris, de la province et de l'étranger, avec lesquels il serait nécessaire de régler les représentations à donner, de telle sorte qu'elles fussent non interrompues et garanties par des traités avec chaque théâtre, auxquels on assurerait un minimum de représentations et de recettes.

» Je ne prévois pas, à Paris, de résistances sérieuses de la part des directeurs libres; quant aux théâtres subventionnés, vous pourriez, administrativement, vous assurer leur concours; — les théâtres de l'étranger se détermineraient sans doute à prendre part à ces solennités dramatiques, s'ils y étaient conviés officiellement par la commission impériale; enfin si, par impossible, on rencontrait parmi les administrations théâtrales secondaires de Paris des boudeurs ou des difficultueux, ils seraient mal venus à se plaindre d'une concurrence au bénéfice de laquelle il leur aurait été offert de participer.

» Tels seraient, selon moi, monsieur le commissaire général, les moyens pratiques et artistiques à employer pour la construction et l'exploitation du théâtre que vous désirez pour le champ de Mars.

» Mais j'estime que l'entreprise, livrée à l'initiative privée, n'aura pas le caractère grandiose et n'atteindra jamais le but artistique et véritablement international que votre splendide programme avait si bien tracé dès l'origine.

» J'ai l'honneur, etc.

» HOSTEIN. »

Les aperçus formulés dans la lettre qui précède, prévalurent au concours ouvert pour le théâtre du champ de Mars. La commission impériale nous chargea officiellement de réaliser nos idées.

Mais alors surgirent, avec toutes leurs complications, les difficultés prévues.

Les hommes à projets, les chercheurs d'affaires s'empressèrent autour de celle-ci.

Quelques entrepreneurs sérieux vinrent aussi, mais tous

reculèrent devant l'énormité de la dépense connue, mise en regard de l'incertitude des compensations.

Une année entière fut consacrée par nous, à tenter laborieusement et inutilement des combinaisons de toute nature.

En dernier lieu, le projet d'exploitation collective ayant été communiqué aux directeurs de Paris, dans une de leurs assemblées générales, ne fut pas pris en considération par eux.

Dès lors notre rôle était terminé. Nous n'avions plus qu'à abandonner à des successeurs plus hardis le bénéfice du défrichement, opéré par nos premiers travaux sur un terrain que nous avons trouvé ingrat dès le début, et qui paraît n'être pas devenu plus propice ultérieurement.

En résumé, beaucoup de démarches, de travail et de déceptions, tel a été pour nous le bilan — côté du passif — des préliminaires de ce théâtre.

Mais — à l'actif — nous placerons la satisfaction que nous avons eue de faire, à cette occasion, et par l'intermédiaire de notre spirituel et zélé ami Duvelleroy, la connaissance de MM. Owen, Léon Donnat, Aldroff, ces laborieux et intelligents collaborateurs de l'Exposition.

Ce livre, s'il leur parvient, leur portera un témoignage public d'estime et de sympathie.

CHAPITRE III

FACULTÉ DE DIRIGER UN THÉATRE SANS PRIVILÈGE

Ce que c'est qu'un privilége. — Nomenclature des théâtres en **1795**. — Le décret
de **1807**. — Luttes du Vaudeville et de la Gaîté contre le privilége. — Situation
des directeurs sous ce régime. — Faculté d'association résultant de la liberté.
— La Société Nantaise. — MM. Marc Fournier, Harmant. — Théâtre des Artistes-
Unis. — L'association des directeurs en **1842** et **1867**. — Un théâtre sans dettes
possibles. — Opinion de M⁰ Celliez. — Résumé des avantages de la suppression du
privilége.

On appelle *privilége* l'autorisation administrative nécessaire, avant le décret de 1864, pour exploiter un théâtre.

Le privilége spécifiait les conditions et charges auxquelles
le directeur était astreint.

Un cautionnement en argent, variable suivant l'importance du théâtre, était imposé au directeur.

Ce cautionnement était de 50,000 fr. et de 30,000 fr.
pour les grands théâtres et les scènes de genre, de 10,000 fr.
seulement pour les scènes inférieures.

Les priviléges étaient octroyés pour une durée moyenne
de neuf ans.

Le premier privilége est une lettre patente, signée Charles VI et datée du 4 décembre 1402, par laquelle les frères de la Passion étaient autorisés à représenter des *mystères* tirés de l'Écriture. Le régime du privilége se continua sans grandes rigueurs sous les règnes agités de Charles VII et de Louis XI.

Le répertoire étant généralement fort licencieux, Charles VIII supprima plusieurs théâtres, particulièrement ceux de l'ordre séculier. Louis XII revint sur ces mesures et accorda aux théâtres les plus grandes libertés. Sous François Ier, le Parlement commença à peser sur les théâtres en rendant plusieurs édits vexatoires.

Le régime du privilége fut rétabli dans toute sa rigueur le 23 janvier 1538. Henri IV, pour la première fois, s'immisça dans l'administration des théâtres, fixa le tarif des places et l'heure du spectacle. Louis XIV acheva d'anéantir le peu de liberté dont les théâtres avaient joui. Jusqu'à lui, les priviléges n'étaient que de simples permissions accordées sous certaines réserves, mais dont le nombre n'était pas limité. Louis XIV monopolisa l'Opéra dans les mains de Lulli, et lui accorda des droits de suzeraineté sur les autres théâtres.

Louis XVI s'occupa beaucoup de réglementer les théâtres.

L'arrêt de 1784 sur l'Opéra maintint à ce théâtre les priviléges accordés par Louis XIV, ainsi que les droits sur les bals publics, les concerts et les théâtres secondaires. Cet arrêt règle aussi la question des débuts, la distribution des rôles, les droits d'auteurs, le service des employés, l'heure des répétitions.

Le 13 janvier 1791, sur le rapport de M. Chapelier, fut rendu un décret proclamant la liberté des théâtres. Il s'en établit jusqu'en 1795 un nombre prodigieux. En voici la liste :

1. - Concert spirituel et théâtre de Monsieur, rue Feydeau.
2. — Théâtre de l'Opéra, boulevard, à côté de la porte Saint-Martin. C'est la même salle qui est occupée aujourd'hui par le théâtre de la Porte-Saint-Martin.
3. — Théâtre-Italien, entre les rues Favart et de Marivaux.
4. — Théâtre de Louvois (plus tard *théâtre de l'Impératrice.*)
5. — Théâtre-Lyrique, rue de Bondy.
6. — Théâtre Montansier, au Palais-Royal.
7. — Théâtre de la Nation, sur l'emplacement de l'Odéon.
8. — Théâtre des Variétés-Étrangères, rue de Richelieu, aujourd'hui Théâtre-Français.
9. — Théâtre du Marais, rue Culture-Sainte-Catherine.
10. — Théâtre de Molière, rue Saint-Martin.
11. — Théâtre d'Émulation, rue Notre-Dame de Nazareth.
12. — Théâtre de la Concorde, rue du Renard Saint-Méry.
13. — Théâtre des Muses ou de l'Estrapade, près du Panthéon.
14. — Théâtre du Mont-Parnasse, sur le boulevard neuf.
15. — Théâtre du Vaudeville, rue de Chartres.
16. — Théâtre de Henri IV, vis-à-vis le palais.
17. — Théâtre d'Oudinot, ou Ambigu-Comique, boulevard du Temple.
18. — Théâtre des Délassements-Comiques, boulevard du Temple.
19. — Théâtre patriotique, boulevard du Temple.
20. — Théâtre des Élèves de Thalie, boulevard du Temple.
21. — Théâtre de Nicolet, boulevard du Temple.
22. — Théâtre des Petits-Comédiens-Français, boulevard du Temple.
23. — Théâtre du Lycée-Dramatique, boulevard du Temple.
24. — Théâtre du Vauxhall, boulevard Saint-Martin.
25. — Théâtre du Café-Yon, boulevard du Temple.
26. — Théâtre de la Liberté, à la foire Saint-Germain.

27. — Théâtre du Cirque, au Palais-Royal.
28. — Théâtre des Variétés-Comiques-et-Lyriques, à la foire Saint-Germain.
29. — Théâtre des Ombres-Chinoises, au Palais-Royal.
30. — Théâtre du sieur Moreau, au Palais-Royal.
31. — Théâtre Thalie, ou théâtre Marain, rue Saint-Antoine.
32. 33. — Deux théâtres en bois, place Louis XV.
34. — Théâtre du Café-Guillaume.
35. — Théâtre du Café-Godet.
36. — Théâtre de la rue des Martyrs.
37. — Cirque d'Astley.
38. — Théâtre des Amis de la Patrie.
39. — Théâtre de la Gaîté.
40. — Théâtre de la Cité.
41. — Théâtre du Lycée-des-Arts.
42. — Théâtre des Sans-Culottes.
43. — Théâtre de la rue Antoine.
44. — Théâtre Mareux.
45. — Théâtre des Jeunes-Artistes.
46. — Théâtre des Jeunes-Élèves.
47. — Théâtre de la rue du Bac.
48. — Théâtre des Troubadours et des Victoires nationales.
49. — Théâtre de Doyen.
50. — Théâtre de la rue Nazareth.
51. — Théâtre de la rue Renard Saint-Méry.

En 1807, l'empereur Napoléon Ier supprima tous les théâtres existant alors à Paris, moins huit, le Théâtre-Français, le théâtre de l'Impératrice, l'Opéra, l'Opéra-Comique, la Gaîté, l'Ambigu-Comique, les Variétés, le Vaudeville.

Le retour au régime du privilége ne fut pas net et ne fut pas complet de prime abord. Voici pourquoi : les théâtres maintenus par le décret impérial de 1807 se prétendirent investis d'un droit d'exploitation inhérent à l'immeuble, de telle sorte qu'à chaque fin de bail les propriétaires des théâtres avisaient, en dehors de tout privilége et *motu proprio*, au remplacement du directeur, soit en exploitant par eux-mêmes, soit en transportant leurs droits à un locataire pour qui le bail tenait lieu de privilége.

Le théâtre du Vaudeville était dans ce cas. M. Francisque Sarcey, dont les opinions en fait de théâtre sont en quelque sorte devenues des arrêts, commet cependant une erreur lorsqu'il dit (feuilleton du 17 juin 1867, journal *le Temps*) : « La veille de la première représentation des *Mémoires du Diable* le théâtre du Vaudeville brûla, et le directeur fut flambé du même coup. Le Vaudeville (à cette époque sous la direction de M. Étienne Arago) *était le seul théâtre qui ne fût point soumis au régime du privilége;* car il datait d'avant la loi, à qui l'on n'avait pas donné d'effet rétroactif. Le ministère profita de l'incident pour déclarer qu'avec les murs de l'édifice avait péri le théâtre tout entier, et ses franchises et ses engagements. Arago ne crut point qu'il fût de sa dignité d'accepter des mains du pouvoir, sous forme de privilége, ce qu'il tenait auparavant de son initiative : il se retira..... »

D'autres théâtres avaient soutenu, concurremment avec le Vaudeville, cette lutte curieuse de la propriété contre le privilége.

Le théâtre de la Gaîté (du boulevard du Temple) présente à cet égard des particularités intéressantes et aujourd'hui peu connues.

En 1760 Nicolet, après avoir fait construire la salle de la Gaîté, en fit l'ouverture sous la dénomination de *Grands Danseurs* du roi, avec privilége royal.

Nicolet mourut en 1783, sans jamais avoir été troublé dans son entreprise, qu'il exploitait en personne.

Sa veuve continua cette exploitation en vertu du même privilége du roi jusqu'en janvier 1791, époque à laquelle les priviléges furent abolis.

Madame Nicolet changea le titre de son théâtre : à la dénomination des Grands Danseurs du roi elle substitua celle de *théâtre de la Gaîté* ; ensuite celle de *théâtre d'Émulation*, puis enfin elle lui rendit le titre de *Théâtre de la Gaîté*, qui depuis a été maintenu.

Vers la fin du dernier siècle, madame Nicolet avait loué son théâtre, l'exploitation et le matériel, à divers administrateurs, notamment à Blonde et à Dufossé, qui s'étaient adjoint MM. Martin et Ribré.

Le 26 juillet 1807 intervint le décret impérial qui, en limitant le nombre des théâtres à Paris, conserva en première ligne (comme étant le plus ancien) le théâtre de la Gaîté.

Ce décret fut considéré par madame Nicolet comme un titre à la propriété absolue, indépendamment de tout privilége, de son exploitation théâtrale.

Cette loi fut envisagée sous un autre point de vue par les locataires exploitant alors le théâtre : ils prétendirent que c'était à eux que devait profiter l'exception dont cette loi gratifiait le théâtre de la Gaîté. La cause fut portée au conseil d'État : madame Nicolet parvint à établir que, propriétaire de l'immeuble, elle avait également conservé la propriété de l'exploitation, pour la reprendre à l'expiration du temps pour lequel elle en avait affermé la jouissance.

En effet, *par son avis du 23 février 1808, approuvé par l'Empereur le 4 mars suivant*, le conseil d'État décida que madame Nicolet avait réellement conservé la propriété de son exploitation.

En conséquence, les baux étant expirés, madame Nicolet reprit la jouissance de ses immeubles et, avec elle, son exploitation théâtrale.

Ainsi madame Nicolet et, après elle, ses héritiers, se fondant sur le décret de 1807 et sur l'arrêté du conseil d'État, ont constamment prétendu avoir le droit d'exploiter le théâtre de la Gaîté, sans avoir besoin d'obtenir de privilége. Ils se sont regardés comme étant investis par la loi du droit de consacrer leur immeuble à cette exploitation théâtrale. En réalité, les représentations continuèrent sans qu'aucun privilége ait été ni demandé, ni obtenu, ni imposé.

En 1808, le 24 juin, madame Nicolet donna en location pour vingt-sept ans, à son gendre, M. Bourguignon, et les immeubles et l'entreprise de la Gaîté. M. Bourguignon exploita en personne jusqu'à son décès, arrivé en 1818. Sa veuve continua pour elle cette exploitation jusqu'en 1825, époque où elle vint aussi à décéder. Jusque-là l'exploitation eut lieu sans privilége ; la famille Nicolet se prétendait dans le droit de s'en passer : le gouvernement laissa les héritiers Nicolet donner des représentations sans leur causer aucun trouble pour raison du manque de privilége.

En 1825, madame Bourguignon ne laissant pour héritière qu'une fille mineure, et aucun membre de la famille ne voulant ou ne pouvant exploiter, force fut au tuteur de l'enfant, pour l'exécution d'un bail de vingt-sept ans, de faire un sous-bail à un étranger. M. Pixérécourt devint locataire ; mais en même temps il s'adressait à l'autorité et sollicitait pour le théâtre de la Gaîté la garantie d'un privilége, qui fut accordé.

Avec lui s'éteignit à la Gaîté l'indépendance *de fait* de l'exploitation ; *en droit*, M. Lami, le dernier propriétaire de ce théâtre aux boulevards, revendiquait encore en 1847 le bénéfice du décret de Napoléon Ier.

Partout ailleurs le privilége, restauré en 1807, s'était établi victorieusement. Il triomphait des résistances les plus opiniâtres, les plus désespérées, de certains propriétaires. Lorsque le ministre avait désigné un directeur pour l'exploitation d'un théâtre vacant, le propriétaire se serait vainement opposé à l'entrée en possession du directeur officiel. Celui-ci introduisait un référé à l'effet de pénétrer de force dans le théâtre pour l'administration duquel il était désigné, et, attendu que les théâtres étaient considérés, surtout alors, comme des établissements d'utilité publique, le juge des référés, statuant en vue d'un intérêt d'ordre général, autorisait l'entrée immédiate du directeur dans les localités spécifiées par l'arrêté ministériel. Le propriétaire récalcitrant avait la ressource de se pourvoir au principal; mais les juges confirmaient généralement l'ordonnance prononcée en référé. C'est dans des conditions de ce genre que s'est établi au théâtre de la Porte-Saint-Martin le directeur actuel de cette grande scène.

Souvent cet état de choses, un peu arbitraire, il faut l'avouer, a tourné au profit des intérêts de l'art. Plus d'une fois le ministre, avec l'arme toute-puissante du privilége, a pu faire accepter des conditions raisonnables à des propriétaires disposés à abuser de leurs droits. Plus d'une fois enfin, le privilége a été choisir en qualité de directeur un écrivain ou un artiste pauvre, mais intelligent, en dédaignant un prétendant riche, mais illettré.

Si le privilége n'avait accompli que des actes de ce genre, sa suppression serait regrettable. Mais il n'en est pas ainsi.

Le rapport placé en tête du décret relatif à la liberté des théâtres signale, comme un progrès, « *la suppression des* » *priviléges auxquels l'exploitation des théâtres était assu-* » *jettie.* »

Cette idée se poursuit au deuxième paragraphe du rapport, où il est dit : « *qu'aucune entrave ne s'opposera plus* » *désormais au libre développement d'une industrie dont* » *l'influence sur le mouvement des lettres et des arts peut être* » *si grande et si féconde.* »

La nomination du directeur par l'autorité était donc une gêne, un obstacle?

Sans aucun doute.

Sous le régime du privilége, le directeur de théâtre était un fonctionnaire doublé d'un négociant.

En sa qualité de fonctionnaire nommé par l'autorité et révocable par elle, le directeur de théâtre n'avait qu'une existence précaire. Son cahier de charges eût été écrasant sans la tolérance administrative.

Il était interdit au directeur d'avoir un passif, sous peine de destitution; il ne pouvait s'associer qu'à l'aide de certaines formules équivoques de commandite.

Enfin, au cas de faillite, sous le régime du privilége, le directeur était à tout jamais déchu du droit d'exploiter un théâtre (décret du 8 juin 1806.)

Cette interdiction, aussi funeste aux débiteurs que nuisible aux créanciers, mettait hors la loi de l'administration théâtrale un directeur devenu inhabile à d'autres fonctions; elle le condamnait à l'insolvabilité, après lui avoir enlevé la ressource, commune à tous les autres commerçants faillis, de redemander à sa propre industrie son existence, celle de sa famille, et, encouragement suprême!... le remboursement de ses dettes, c'est-à-dire la réhabilitation de son honneur !

La liberté, qui a enlevé aux directeurs leur qualité de fonctionnaires, les a du moins émancipés en tant qu'industriels.

Désormais ils sont dans le droit commun. Leurs théâtres sont devenus des fonds de commerce; ils les acquièrent, ils les possèdent, ils les améliorent, ils les aliènent librement... Ils sont maîtres de contracter des baux à long terme et d'appliquer, avec toute son extension légale, le principe fécond de l'association.

Une chose nous étonne, c'est qu'on ait attaché et qu'on

attache encore si peu d'importance, dans le monde théâtral, à cette faculté de l'association octroyée par le décret!

Lorsque tout s'accomplit à l'aide du principe social, lorsque le monde politique, financier, industriel, lorsque les classes ouvrières elles-mêmes ne procèdent plus que par le groupement des intelligences, des capitaux, des efforts; enfin lorsque le monde des arts, et tout spécialement celui des acteurs, vient de fournir l'exemple unique d'une association ayant obtenu, en quelques années, le capital énorme de *soixante-trois mille francs de rente*, à l'aide de cotisations de cinquante centimes, en moyenne, par mois; comment! lorsque l'association produit de tels miracles, n'a-t-on pas mieux compris encore tout le parti qu'on en peut tirer pour les exploitations théâtrales?

Quelques bons esprits avaient entrevu, dès l'aurore de cette période de liberté, la possibilité et l'utilité d'associer les théâtres de genres semblables. Ils pensaient que ces théâtres, fabriquant simultanément les mêmes décors, les mêmes costumes et le même matériel, dépensaient en frais généraux identiques, dans leur condition d'exploitation distincte et concurrente, beaucoup plus d'argent qu'il n'en faudrait à ces théâtres pour arriver aux mêmes résultats sous le régime de l'association.

En outre, ils estimaient que le système des gros capitaux massés pour appuyer des entreprises ainsi unies, leur donneraient la puissance et la cohésion que les autres grandes entreprises industrielles tirent de la notoriété de leurs ressources financières : ils entendaient ainsi faire disparaître cette présomption de gêne et de difficultés d'argent qui forme la commune renommée des directions de théâtre.

Enfin ils projetaient de réaliser, à l'aide du comptant, de larges économies sur les marchandises et matières premières, et de se montrer d'autant plus largement rémunérateurs envers les artistes et employés.

C'est dans ces dispositions qu'une réunion d'hommes honorables et riches jetèrent les yeux sur les trois grands théâtres de drame : le Châtelet, la Porte-Saint Martin, la Gaîté. Ces théâtres se prêtaient de la façon la plus opportune à la réalisation de leur vaste plan.

L'un d'eux, malheureusement, eut la pensée d'aller communiquer les actes sociaux à un critique célèbre et trop influent à cette époque. Mais il a vécu... nous serons brefs et modérés.

Ce critique écouta avec la plus grande attention les détails relatifs à l'entreprise naissante. Il les approuva sans réserve ; mais... l'honnête homme qui lui parlait ne sut pas s'attacher définitivement une opinion en ce moment si favorable.

Bien plus, le représentant des capitalistes eut l'imprudence de raconter au critique, nous ne nous rappelons plus à quelle occasion, qu'il avait habité Nantes.

Certes, ce n'est pas un crime d'avoir habité Nantes ; mais cette futile confidence eut les conséquences que l'on va voir.

Le surlendemain, parut, sous le nom du célèbre critique, un article qui eut un très-grand retentissement et qui, du premier coup, frappa au cœur l'association des trois théâtres. Cette association était représentée dans l'article comme une tentative d'accaparement également funeste pour les auteurs, pour les artistes, et enfin pour le public.

A cette accusation mensongère, mais perfide, le critique ajouta, en terminant, un trait à l'italienne : il inventa pour la société des trois théâtres une appellation insignifiante en apparence, mais dont l'effet fut aussi désastreux que rapide. Il la nomma *la Société Nantaise*... il donna ainsi l'aspect provincial à une combinaison qui devait, pour réussir, garder au plus haut degré son caractère parisien ; en la dénationalisant il la faisait impopulaire; en la rendant ridicule, il la tuait.

Pour être sincère, nous devons reconnaître que quelques difficultés vinrent, dans la pratique, s'ajouter à celle-là. Mais c'est la condition inséparable de toute entreprise naissante. Rien ne se fonde sans labeur et sans peines. On aurait donc infailliblement triomphé avec le temps et avec des efforts bien dirigés, si les capitalistes n'avaient été dégoûtés dès le début d'une affaire où, pour prix de leurs sacrifices et de leur libéralité, ils n'avaient rencontré que de l'impopularité et de l'antipathie.

L'association dura seize mois, du 1ᵉʳ janvier 1864 au 1ᵉʳ mai 1865. Après la liquidation la plus loyale et la plus bienveillante, les théâtres du Châtelet et de la Porte-Saint-Martin furent remis aux mains de leurs précédents directeurs : le théâtre de la Gaîté passa à celles d'une administration nouvelle.

Commercialement et comme directeur concurrent, nous regrettons d'avoir eu de nouveau l'obligation de chercher à enchérir sur l'imagination et sur les audaces de M. Marc Fournier. Mais au point de vue artistique, il a nos sympathies sans restriction. Nous connaissons trop les difficultés de notre profession pour ne pas apprécier grandement le mérite réel et les ressources multiples de ce spirituel fantaisiste, de ce vaillant et infatigable lutteur. Pendant notre courte association nous serions devenus, je crois, des amis... si des directeurs, même associés, pouvaient parvenir à l'être!

Quant à l'ancienne société, elle a survécu, dans la personne de M. Harmant, qui administre pour elle le théâtre du Vaudeville et qui a été le lien de la première combinaison dite des trois théâtres; combinaison intelligente, libérale, tout à fait dans le mouvement, honnête avant tout et qui méritait un meilleur sort.

Mais cette tentative ne sera pas perdue pour l'avenir. Quelque jour on reprendra l'idée; elle sera l'honneur et elle fera la fortune de ceux qui sauront l'appliquer.

Abaissement des frais généraux, consolidation financière et, par suite, inauguration d'un système de modération tournant au profit de l'art lui-même; car les tentatives désespérées et les frais excessifs accusent plutôt la décadence que la prospérité; luttes ruineuses évitées entre théâtres du même genre; direction impartiale, car des conseils composés d'administrateurs surveillant plusieurs théâtres à la fois, ont forcément des vues d'ensemble élevées et généreuses, ce qui est une garantie pour les administrés et pour le public, etc., etc.; tels sont, en abrégé, les avantages que l'on peut tirer de l'association entre théâtres du même genre.

Quant à la concurrence, ce principe vital de l'art et de l'industrie, elle est loin d'être sacrifiée dans ce projet. Jamais la concurrence ne fut plus accentuée entre les trois théâtres de drame que sous la société Nantaise. Seulement c'était une concurrence raisonnée, contenue dans de sages limites, et qui ne consistait pas à donner en même temps un *Déluge* au Châtelet et un *Déluge* à la Gaîté. Ceci n'est plus de la concurrence, c'est le coup fourré, c'est l'égorgement réciproque.

Le principe d'association comporte, sous le régime de la liberté théâtrale, bien d'autres applications encore.

Par exemple, pourquoi les artistes dramatiques ne chercheraient-ils pas à se grouper pour faire construire à Paris et exploiter par eux-mêmes un théâtre qu'on nommerait *le théâtre des Artistes-Unis*, et sur lequel débuteraient, au printemps, les acteurs de province, auxquels il importe tant de se faire connaître, et qui en trouvent si difficilement les moyens?

Dans ce théâtre on donnerait toutes les représentations, toutes les fêtes au bénéfices de la caisse de secours des artistes; fêtes et représentations que l'association, devenue riche, n est raisonnablement plus en droit de réclamer aujourd'hui à titre d'aumône.

Une cotisation mensuelle, aussi faible que celle que les sociétaires versent actuellement à leur caisse de secours, permettrait d'atteindre en peu de temps un chiffre suffisant pour la mise en train de la construction. Quant au programme d'administration intérieure et d'exploitation, les intéressés trouveraient facilement à le réaliser. Nous indiquons une idée : nous n'avons pas l'intention de développer un plan complet d'exécution.

De la liberté théâtrale est sortie tout récemment l'*Association des directeurs de Paris* (mars 1867). Cette association n'a pas le moins du monde le caractère haineux et belliqueux que présentait en 1842 l'association tentée entre quelques directeurs des principales scènes de genre.

C'était l'époque de l'ardente croisade soulevée par MM. Delestre Poirson et Cerfberr, directeurs du Gymnase, contre les prétentions des auteurs dramatiques. C'est alors que ces administrateurs, extrêmement habiles et honorables, mais passionnés, fulminaient des circulaires comme celle-ci. Nous la reproduisons à l'état de pièce curieuse de l'histoire des théâtres :

GYMNASE DRAMATIQUE. — « Un jugement du tribunal de police » correctionnelle du 15 janvier 1838 ayant reconnu l'illégalité de l'as- » sociation portant le nom de *Commission Dramatique*, association qui, » au lieu de se borner à veiller aux intérêts et aux droits généraux des » auteurs, avait cru pouvoir, au moyen d'un système de coalition illicite, » détruire complétement la liberté de l'industrie théâtrale ; avait im- » posé aux théâtres secondaires de prétendus traités que les directeurs » de ces théâtres s'étaient vus dans la nécessité d'accepter, sous peine de » fermer leurs portes, en présence de *l'interdit* général sous le coup » duquel ils étaient placés ; et pour *contraindre* enfin (sous peine d'un » dédit de six mille francs) tous les auteurs, *sans exception*, à s'associer

» à sa tyrannie, avait confisqué, au profit des seuls associés, les deux
» agents établis au nom et par les soins de l'universalité des auteurs pour
» la perception des droits en province ; les directeur et administrateur
» du Gymnase s'étaient empressés dès lors de chercher à ressaisir la
» liberté de leurs transactions.

» Cependant, en présence d'une ligue aussi nombreuse et aussi puis-
» sante, à qui tous les moyens semblent malheureusement toujours bons
» pour assurer son omnipotence, et qui dénaturait et calomniait leurs
» intentions, craignant de paraître manquer même à des engagements
» imposés par la violence, ils ont voulu attendre jusqu'à l'expiration,
» arrivée aujourd'hui, de ces prétendus traités, pour reprendre l'exer-
» cice de leurs droits.

» Les directeur et administrateur du Gymnase ont, en conséquence,
» *après avoir examiné avec attention les ressources de leur entreprise,*
» arrêté et réuni ici les conditions générales qu'ils offrent *librement*
» enfin, à dater du 1ᵉʳ août 1842, à MM. les auteurs de vaudevilles, etc.,
» qui voudront bien travailler pour leur théâtre, où ils trouveront tou-
» jours les égards dont l'administration s'est plu à les entourer de tout
» temps. »

Suivent les conditions relatives à la réception des pièces, aux entrées des auteurs, et aux rétributions pécuniaires, etc...

La circulaire se termine ainsi :

« L'Administration, en reconnaissant à chacun de MM. les auteurs
» individuellement le droit de ne pas lui vendre d'ouvrages aux présentes
» conditions, proteste d'avance contre toute coalition qui, en se couvrant
» de quelques noms plus ou moins illustres, et sous prétexte de SOCIÉTÉ et
» de *philanthropie,* voudrait de nouveau, contrairement à l'équité et
» à la liberté de l'industrie, entraver son exploitation, réunir, par gré
» ou par force, *tous* les auteurs, *sans exception,* pour imposer à un éta-
» blissement *isolé* des conditions *marchandes* et des charges qu'il re-
» pousse, et mettre, en cas de refus, son théâtre en *interdit général*
» immédiat ; se réservant de déférer aux tribunaux les auteurs et
» fauteurs d'un délit d'autant plus répréhensible qu'il part ici d'une
» classe éclairée, et que la simple concurrence des théâtres assure aux

» auteurs les conditions les plus avantageuses; conditions qui sont
» même hors de toute proportion avec la situation générale des entre-
» prises théâtrales.

» Paris, le 20 juillet 1842.

» DELESTRE-POIRSON. CERFBERR. »

« Nota. Dans le cas où les deux agents établis au nom et dans l'intérêt de
» *tous* les auteurs refuseraient, par suite d'intimidation, de remplir leur man-
» dat général et de percevoir les droits des auteurs joués au Gymnase, sans
» demander aux tribunaux la répression de ce déni de justice, ceux de
» MM. les auteurs qui voudront bien travailler pour le Gymnase seront mis
» par cette administration en mesure de recueillir leurs droits d'auteur à Paris,
» sans frais, sur *tous* les théâtres, et en province, à des frais qui seront rendus,
» autant que possible, moins coûteux. »

Toutes ces luttes ont heureusement pris fin. D'ailleurs elles
n'avaient aucune chance de réussir sous le régime du privilége. Ce régime était un obstacle formel à la durée et à la
solidité de toute association formée, comme en 1842, entre les
directeurs de théâtre.

Le retrait ou l'expiration du privilége dégageait virtuel-
lement le directeur nouveau de toutes les obligations sociales
ou autres que son prédécesseur avait pu consentir. Comment,
en l'absence de tout lien, de toute tradition contractuelle, la
société des directeurs aurait-elle pu se maintenir et se con-
tinuer?

Les directeurs actuels ont l'avantage du moins sur ce
point. La société qu'ils viennent de fonder est organisée avec
les conditions de durée que peuvent offrir toutes les autres
sociétés civiles. Le but de leur société n'est point la lutte soit
contre les auteurs, soit contre les artistes. Les directeurs se
groupent parce que toutes les corporations en font autant. Ils
se proposent un but de secours et de mutualité, ce à quoi l'on
ne saurait trouver à reprendre. Par malheur, et en dépit de ces
intentions excellentes, la société nouvelle semble avoir peu

d'éléments de vitalité. Cela tient à deux causes principales : au très-petit nombre de questions à l'égard desquelles les directeurs, par état concurrents et antagonistes, peuvent se réunir dans un intérêt absolument identique (par exemple, l'affichage, le droit des pauvres), et ensuite à la négligence et à l'inexactitude incurables des directeurs en matière de réunions professionnelles.

Mais enfin la liberté théâtrale a permis à cette société nouvelle de s'organiser, de s'essayer. C'est déjà quelque chose. Les directeurs, comme tous les autres chefs d'industrie, ne peuvent que gagner à se réunir, à se communiquer certaines idées générales, à s'éclairer et à se pacifier en commun, au lieu de s'aigrir à distance.

Nous compléterons ces aperçus par l'exposé d'un système d'exploitation que le privilége n'eût pas autorisé, et qui, tout en dérivant du principe de l'association, n'est cependant ni la responsabilité ni le partage du risque commercial. Ce serait *un mode nouveau de participation aux recettes, permettant à chaque artiste, à chaque employé et à chaque fournisseur de percevoir, tous les soirs, ce qui lui serait dû, de la même façon et au même titre que l'on perçoit le droit des auteurs, et de manière à réaliser ce problème, jusqu'ici insoluble, d'un théâtre ne pouvant jamais avoir de dettes, et assuré de marcher toujours également à travers toutes chances, bonnes ou mauvaises.*

Supposons un théâtre capable de produire, avec des succès moyens, une recette annuelle de treize ou quatorze cent mille francs. Diminuons ces évaluations : prenons pour base de nos calculs une recette amoindrie à six cent mille francs.

C'est donc avec six cent mille francs (chiffre que l'on doit être assuré de toujours atteindre) qu'il faut faire les frais du théâtre. C'est sur ces bases que chacun des employés ou fournisseurs devra calculer ses produits.

Les engagements et marchés seront discutés et consentis avec le directeur, comme cela se fait partout ailleurs, tant pour leur chiffre que pour leur durée.

La seule différence consisterait dans le mode de payement.

Au lieu de recevoir des appointements ou des sommes fixes, les artistes, employés et fournisseurs recevraient chacun tant pour cent sur la recette de chaque jour.

La table de proportion est bien facile à établir. Étant donnée comme base une recette minimum de six cent mille francs, le prélèvement de un pour cent par jour est égal à six mille francs par an.

Si un artiste veut stipuler trois mille francs d'appointements annuels, on lui attribuera un prélèvement d'*un demi pour cent* sur chaque recette ; de *un pour cent* s'il a six mille francs de traitement, et ainsi de suite en élevant ou en abaissant la proportion, suivant que le chiffre des appointements s'élève ou s'abaisse.

Il en est de même pour les fournisseurs.

Prenons un exemple : supposons que l'entreprise de l'éclairage (huile, gaz, appareils, entretien, remplacement de verres, etc.) soit traitée à forfait au prix de trente-six mille francs par an ; ce chiffre, dans la combinaison qui vient d'être exposée, correspond à six pour cent sur une recette totale de six cent mille francs. L'entrepreneur d'éclairage sera donc rétribué au moyen d'un prélèvement de six pour cent sur chaque recette.

Nous avons pris l'opinion d'un certain nombre de fournisseurs sur ce projet. Tous ont été frappés : 1° de l'avantage qu'il y aurait pour eux à toucher avec certitude, chaque jour, une part de la recette ; 2° de la sécurité qu'offrirait à tous les intéressés une combinaison de ce genre, qui dégagerait l'entreprise de toute possibilité de dettes, et ramènerait la comptabilité à l'état d'une caisse toujours ouverte pour un solde immédiat.

Nous avons également pris l'avis d'un avocat, homme de talent et homme de bien, dont, à ce double titre, les conseils honorent, en même temps qu'ils éclairent, celui qui les reçoit :

« Ce projet de participation aux recettes, écrit Me Henry Celliez, me paraît simple, sûr et honnête. Par ce temps de difficultés imprévues, de luttes désespérées et d'élévation constante des prix en appointements, droits de toute nature, main d'œuvre, fournitures, etc., nul doute qu'une combinaison théâtrale de ce genre ne soit une digue utile à tous, contre le flot qui monte et qui menace de plus en plus.

» J'ai dit que le projet est *simple*. En effet c'est, en définitive, le prix payé chaque jour par les spectateurs qui doit couvrir toutes les dépenses de l'année ; quoi de plus simple que de répartir cette recette entre tous les ayants droit au moment même où elle se produit?

» J'ai dit que le projet est *sûr* : en effet, le partage quotidien sera la garantie d'un payement certain, quelle que soit la recette. Au contraire, avec le mode actuel d'exploitation, si un théâtre vient à être gêné, ce qui peut arriver aux plus sages administrations, la recette est exposée à passer tout entière ou presque tout entière, au détriment des intéressés, entre les mains d'un créancier plus actif que les autres dans ses poursuites. Or cela ne pourra pas avoir lieu dans la combinaison projetée, car la recette appartiendra à chacun dans la proportion convenue. Et même au cas où le directeur aurait des dettes personnelles, on ne pourrait pas saisir la recette, puisqu'elle ne sera sa propriété que pour la part qui lui sera attribuée.

» Je trouve le plan *honnête*, parce qu'il assure l'attribution de la recette, grande ou petite, à tous ceux qui concourent à la produire et les fait participer au succès. Si la recette monte et dépasse le minimum sur lequel ont été établis les calculs, tout le monde gagne. Ainsi, tel acteur engagé à raison d'une part évaluée de manière à lui donner 2,000 francs par an, en touchera alors 2,500 ou même 3,000. De même pour les fournisseurs.

» Si les événements amènent une recette inférieure aux prévisions, la diminution sera peu sensible pour chacun ; car je suppose qu'on aura pris pour base de l'opération un minimum réel de recette et que la baisse sera ainsi nécessairement accidentelle.

» D'ailleurs ce risque est bien plus que compensé par la certitude pour les artistes, les fournisseurs et les capitalistes de n'être plus exposés à une perte totale, comme on l'a vu quelquefois, ni même à une perte relativement importante, comme on le voit trop souvent.

» En resumé j'approuve sans réserve le plan proposé, parce que le directeur ne sera plus un spéculateur prenant tout le bénéfice en cas de réussite, et courant la chance d'entraîner ses collaborateurs dans la ruine en cas d'insuccès. Il sera le chef d'une entreprise dans laquelle il aura une part restreinte, mais assurée, et proportionnée à celle des autres intéressés.

» J'estime donc qu'on peut sagement tenter l'application du système de participation, si l'occasion se présente de le faire. On aurait l'honneur d'avoir cherché à tirer de la liberté des théâtres des conséquences nouvelles et une utilité qui me semble ne demander qu'à être bien comprise pour entrer très-avant dans la pratique théâtrale. »

Peut être aurons-nous quelque jour l'occasion de réaliser ce plan et de profiter des excellents encouragements qui précèdent. En attendant, nous livrons ce projet à la publicité. La discussion ne peut que contribuer à l'améliorer.

Si la suppression des priviléges a ouvert à l'industrie théâtrale les voies nouvelles et avantageuses que nous venons d'indiquer, par contre cette suppression a pour conséquence de ne plus permettre d'illusions ni d'équivoque au point de vue ministériel.

Ces concessions ou priviléges n'étaient parfois qu'un moyen de battre monnaie. On sollicitait, à grand renfort d'influences et de recommandations, une concession théâtrale, non pour l'exploiter mais pour en trafiquer. L'administration supérieure semblait être la complice de ces marchés qu'elle ignorait. On l'avait suppliée au nom des intérêts de l'art. Tandis qu'elle se flattait d'avoir fait quelque chose pour lui, on criait au scandale!

Le décret a établi sur ce point une netteté, une sincérité absolues.

Construisez, exploitez des théâtres, si bon vous semble. L'autorité n'a plus à conseiller ni à diriger vos capitaux ; à plus forte raison n'a-t-elle plus à les appeler, ce qu'elle paraissait faire avec ses concessions.

La suppression du privilége est donc une amélioration : comme le dit si bien le rapport qui précède le décret : « c'est l'affranchissement de l'industrie théâtrale. »

Grâce à cette mesure, un directeur dont les affaires périclitent peut maintenant s'arrêter comme un commerçant ordinaire ; il n'est plus contraint, comme il l'était sous le régime du privilége, de marcher toujours, à peine de révocation, et de martingaler quand même, sous des charges de plus en plus écrasantes.

En effet, un directeur privilégié arrivait bien souvent à n'être plus qu'un joueur incapable de s'arrêter.

Assis à son bureau comme à un tapis vert, vivant au jour le jour, il lui fallait, pour garder son privilége, obtenir le succès à tout prix. Et cependant, investi d'un mandat officiellement donné au nom des intérêts de l'art, le directeur semblait mentir à ce mandat dès qu'il cherchait sa recette non plus dans de sérieuses études, mais dans des excentricités, dans des engagements bizarres d'artistes déclassés, dans le luxe superflu des décors et des costumes, enfin dans l'expédient.

Que de fois cette tendance au matérialisme, à la plastique, n'a-t-elle pas été violemment critiquée par les journalistes ?

Ici peut-être faudrait-il s'expliquer sur le fond des choses ; peut-être faudrait-il se demander s'il est bien vrai que tous les théâtres, sans exception, doivent être des gymnases de moralité sobre et sans mise en scène ; si l'on doit bannir le spectacle des yeux, supprimer tout ce dont l'art s'honore, le

5*

goût, la fantaisie, la peinture, le costume, la danse, etc.; et si, une fois lancé dans cette voie, un théâtre est toujours bien maître de s'arrêter à point...

Ne discutons pas : allons jusque-là d'accorder que les reproches étaient fondés en tant que, dans la personne d'un directeur, ils s'adressaient au *privilégié*. Mais, par contre, ils dépassaient le but en ne tenant pas suffisamment compte des nécessités du *commerçant*.

Sur tous ces points, l'Empereur a voulu faire table rase. Il a régularisé et dégagé les situations, les besoins. En même temps il a voulu stimuler la concurrence et réveiller la vie et le mouvement dans le monde des théâtres!

En vertu du décret sur la liberté, chaque directeur est désormais un spéculateur, rien de plus, rien de moins; étant exceptés, bien entendu, les théâtres subventionnés, où la nomination de l'administrateur par l'autorité est une garantie maintenue en faveur d'un art plus élevé.

Dans les autres théâtres, le directeur est simplement un commerçant. S'il a toutes les obligations de l'industriel, il en a tous les droits. L'autorité, en lui conférant autrefois un privilége, se faisait en quelque sorte moralement complice de son administration artistique et financière.

Désormais rien de semblable. La liberté des théâtres c'est aussi, en cette matière, la liberté de l'autorité supérieure.

CHAPITRE IV

DE LA LIBERTÉ DES GENRES

L'élément nouveau résultant de la liberté des genres. — Le reproche de décadence combattu par M. Francisque Sarcey. — La musique partout. — Les théâtres de vaudeville en progrès, comme genre, sur les théâtres de drame. — Le genre *spectacle*.

Les priviléges déterminaient avec le plus de netteté pos·sible les genres dans lesquels chaque théâtre devait se ren-fermer.

Ainsi les Variétés, le Gymnase dramatique, le Vaudeville, le Palais-Royal ne pouvaient pas jouer d'autres pièces que des vaudevilles, et ces vaudevilles ne devaient jamais excé-der trois actes.

La Porte-Saint-Martin, la Gaîté, l'Ambigu-Comique, étaient tenus de ne faire représenter que des drames ou des mélodrames en trois, quatre ou cinq actes, mais sans divi-sion de tableaux. Il leur était interdit de faire aucune inva-sion dans le domaine de la comédie ou de la musique.

Il en était de même des théâtres secondaires, dont le genre se trouvait rigoureusement spécifié dans le cahier des charges.

Mais, à la longue, chaque théâtre avait fini par éluder complétement le texte formel de son privilége.

Le Vaudeville ne jouait guère de vaudevilles, le Gymnase non plus.

Qui aurait songé à s'en plaindre? La tolérance de l'administration, sur ce point, n'avait elle pas doté ces théâtres du répertoire glorieux et lucratif de MM. Augier, Dumas fils, Barrière, Sardou?

Les Variétés et le Palais-Royal ne se bornaient pas davantage à un répertoire de pièces en deux ou trois actes, le seul autorisé par leur privilége.

Ces théâtres avaient inauguré le système des pièces fantaisistes en quatre ou cinq actes, avec musique nouvelle.

L'administration, en tolérant cette innovation, n'était pas seulement bienveillante envers les administrations théâtrales, elle montrait une intelligente perspicacité à l'égard des goûts et des tendances du public contemporain.

Elle comprenait que les cadres anciens du vaudeville, de la pièce de genre, étaient usés et dépréciés; qu'il s'en préparait d'autres; qu'une société intelligente, frondeuse et sensualiste réclamait pour ses plaisirs de théâtre, un mélange de raillerie, de fantaisie et de musique nouvelles.

C'est alors que l'administration toléra tous ces essais, toutes ces tentatives folles et de haut goût, mais éminemment spirituelles, qui ont ouvert une voie spéciale aux théâtres de genre.

Quelques retardataires ou quelques chagrins ont vainement crié au désordre, à la barbarie, à la décadence! Pour répondre à cet injuste reproche, il faut se borner à copier M. Francisque Sarcey. On ne saurait ni mieux penser ni mieux écrire.

« J'entends sans cesse, dit l'éminent critique, parler autour de moi de décadence, et j'avoue que ce lieu commun de déclamations m'irrite.

» Eh! mon Dieu, oui, le grand drame nous a fait défaut durant ces trente dernières années ; mais, voyons, est-ce que le temps qui a vu naître les études de mœurs d'Alexandre Dumas fils, les satires politiques d'Émile Augier, les comédies à l'emporte-pièce de Barrière, et dans un ordre plus humble, est-ce que le temps qui a produit de gais caricaturistes comme Labiche, des amuseurs comme Sardou, de fins humoristes comme Meilhac, est un temps si déshérité?

» Vous pouvez feuilleter toute l'histoire depuis trois siècles, vous ne trouverez jamais (si vous exceptez Molière, une exception!) trente années plus pleines, où un plus grand nombre d'œuvres fortes et fines à la fois aient paru sur le théâtre. Et ces bouffonneries mêmes, ces bouffonneries dont on fait tant de bruit, savez-vous bien, messieurs les pousseurs d'hélas! savez-vous bien, qu'elles sont infiniment supérieures à celles qui amusaient nos pères, et qu'à tout prendre, j'aime mieux le panache du général Boum que les niaiseries de Jeannot!

» Ne calomnions pas notre génération. Loin d'avoir laissé tomber le théâtre, elle a, par la variété, la grâce et la vigueur des talents qui sont nés d'elle, elle a maintenu son antique gloire, elle en a même relevé l'éclat. »

L'administration supérieure était donc dans le vrai : elle a achevé de se donner raison en érigeant en droit ce dont elle avait bien voulu d'abord faire une simple tolérance.

De là est née *la liberté des genres*.

Cette liberté a surtout profité à la musique. Son invasion croissante dans le théâtre contemporain est un caractère essentiel qu'il faut noter.

Le comité des compositeurs de musique avait parfaite-

..ment pressenti la progression rapide du goût de la musique, comme conséquence de la liberté des genres. Au lendemain du décret, cette commission disait à ses collègues, par l'organe de M. Eugène Ortolan, son rapporteur :

« ... La spécialité des genres est abolie... Remarquez-le bien, messieurs, cette disposition est, pour vous, la plus importante du décret. En effet, le goût de la musique est de plus en plus répandu ; il y avait une disproportion notoire, au point de vue des tendances du public, entre le nombre des théâtres purement littéraires et celui des théâtres consacrés à la musique, disproportion que le principe de la libre concurrence paraît destiné à faire nécessairement disparaître. Construira-t-on beaucoup plus de salles nouvelles qu'il n'en a été récemment abattu, de manière à augmenter l'ensemble des théâtres de Paris?

» C'est une question très-discutée ; mais ce qui peut se prévoir facilement, c'est que, parmi les théâtres qui ne réussiront pas dans leur exploitation, plusieurs chercheront à se relever en appelant la musique à leur secours, de sorte que le nombre des théâtres lyriques sera réellement accru. En outre, il y a des entreprises qui, sans renoncer à la représentation des pièces littéraires, pourront faire quelquefois, dans le domaine musical, des incursions plus ou moins étendues, dont seront appelés à profiter les jeunes compositeurs. Pour citer un exemple qui s'est produit autrefois dans ce genre, sur un théâtre mixte, je rappellerai le *Siége de Missolonghi,* pièce hellénique qui obtint du succès à l'Odéon, dans le temps de la guerre de l'indépendance de la Grèce, et qui fournit à Hérold l'occasion de faire entendre quelques morceaux très-appréciés. Ainsi l'on peut dire que vous avez le droit d'être admis à produire vos œuvres sur toutes les scènes théâtrales.....

» ... Enfin, les théâtres peuvent représenter indifféremment tous les ouvrages, français ou étrangers, appartenant au domaine public. Je le sais, messieurs, les opinions sont très-partagées, parmi vous, sur les effets de cette disposition. Quelques-uns craignent que le domaine public et la traduction, auxquels nos premières scènes lyriques font déjà de si larges emprunts, ne viennent encore absorber les scènes nouvelles qui pourront s'élever à la faveur de la liberté. Néanmoins d'autres pensent que cette appréhension est exagérée. Il faut considérer en effet que ceux des ouvrages anciens qui, par un mérite intrinsèque supérieur aux variations de la forme, offrent les chances d'une reprise fructueuse sont, en somme, très-peu nombreux.

» Ce sont presque toujours les mêmes œuvres que l'on voit reparaître tour à tour comme par une sorte de roulement, et c'est surtout au nombre restreint de nos scènes lyriques qu'il faut attribuer, le plus souvent, le juste empressement du public, pour l'audition d'œuvres remarquables, inconnues quelquefois de toute une génération. Mais lorsque, les théâtres s'étant multipliés, les chefs-d'œuvre n'auront pas été tenus longtemps éloignés de l'affiche, ils exerceront avec continuité une haute action sur les progrès de l'art, sans offrir cependant l'attrait factice d'une nouveauté relative; et, perdant en partie leur influence, au point de vue de la recette, à cause de leurs succès mêmes sur les plus petites scènes, ils cesseront de produire des bénéfices aussi avantageux dans les théâtres de premier ordre.

» Les directeurs des grandes entreprises seront donc conduits par là à chercher plus fréquemment, à côté des ouvrages des maîtres, des ressources dans la création de pièces nouvelles.

» Quoi qu'il en soit, la libre exploitation du domaine public est consacrée par la législation actuelle; et il faut bien reconnaître qu'en accordant aux théâtres la faculté de jouer des pièces de tous les genres, il eût été peu conséquent de les priver précisément du droit de représenter celles du domaine public, qui est la propriété immatérielle de tous. »

La liberté des genres a donc servi déjà : 1° à la musique, qu'elle vulgarise au PROFIT du public et de l'art; 2° au répertoire des théâtres de vaudeville, qu'elle a enrichi d'un régime nouveau de pièces fantaisistes et toutes marquées de la vive empreinte de l'esprit contemporain; 3° enfin elle a surtout permis à la comédie de mœurs en quatre ou cinq actes de venir remplacer les vaudevilles surannés en deux ou trois actes.

Si des théâtres de vaudeville nous passons aux théâtres de drame, nous ne pourrons pas signaler des progrès analogues.

Le drame, le mélodrame, la pièce historique, sont restés stationnaires. Dans les pièces de ce genre qui se jouent chaque jour, on retrouve les caractères, les comiques, les combinaisons, les péripéties, en un mot tous les procédés employés il y a vingt ou trente ans.

Le dernier pas fait en avant date de 1847, lors de la fondation du Théâtre Historique. Encore faut-il remarquer que le progrès a été, là, tout au moins aussi réaliste et matériel que littéraire.

Depuis cette époque, le niveau des théâtres de drames ne s'est pas élevé. La liberté des genres, déjà si féconde ailleurs, n'a encore rien produit pour eux.

Le côté *spectacle* a seul été poussé à outrance. Est-ce un bien? est-ce un mal? Cela est *un fait;* et ce fait trouve son explication naturelle :

Dans le goût du public, que tout entraîne, autour de lui et chez lui, dans le courant d'un luxe toujours croissant;

Dans les inventions et perfectionnements scientifiques et industriels modernes, lesquels ont doté la machinerie et les

effets plastiques des théâtres de nouveaux procédés plus extraordinaires ou simplement plus éclatants qu'autrefois;

Enfin dans la nécessité de distraire, à l'aide d'un spectacle
en quelque sorte cosmopolite, une population renouvelée
chaque jour à l'aide d'étrangers, de voyageurs, ou de gens
affairés qui ne comprennent pas ou n'ont pas envie de comprendre des choses sérieuses.

C'est pour eux spécialement que s'ouvrent chaque soir les
théâtres *à spectacle*. Ce genre n'existerait pas qu'il faudrait
l'inventer, du moment qu'on voudrait tenir compte soit des
conditions nouvelles d'existence morale et matérielle d'une
grande partie de la population sédentaire, soit des besoins de
la population nomade qui ne passe souvent qu'une nuit à
Paris, et qui va au théâtre pour se distraire en courant,
comme entre deux trains de chemin de fer.

Les théâtres populaires de grande mise en scène survivront
donc, parce qu'ils répondent à des nécessités réelles. Quant
aux théâtres de drame, ils finiront, cela est probable avec le
bénéfice de *la liberté des genres*, par trouver une voie nouvelle entre le vieux procédé, encore employé par eux, et la
comédie actuelle de mœurs et de passions, qui semble les
fuir et rechercher plus particulièrement les cadres du Gymnase et du Vaudeville.

Sans doute il y aura des tâtonnements, des incertitudes.
Il y aura même de grandes difficultés. En effet, à mesure
que les masses s'éclairent, elles dédaignent de plus en plus
les pièces exclusivement romanesques, à coups de théâtre,
à surprises, à effets monstrueux, impossibles, qui les pas-
sionnaient alors qu'elles étaient moins en progrès. Le jeune
homme se laisse-t-il prendre, avec le même enthousiasme,
aux contes naïfs qui, enfant, le charmaient?

Ce qui tue le drame de convention, tel qu'on le joue encore, c'est l'incrédulité des spectateurs. *Ils ne croient plus*

que cela est arrivé. Autrefois, ils le croyaient. Devenus positifs, raisonneurs, sceptiques, ils comprennent et goûtent mieux le drame réel, contemporain, analytique de Dumas fils et de Sardou.

Reste l'histoire. Le peuple la connaît peu ou mal : si l'exécution est supportable, il respecte la pièce historique. C'est donc une ressource pour les théâtres de drame. On peut leur conseiller d'y recourir, non pas en cherchant à surpasser ou même à égaler les créations charmantes d'Alexandre Dumas, qui restera inimitable en ce genre, mais simplement en reproduisant avec sincérité les personnages et les événements de l'histoire. Elle est si riche et si variée par elle-même, qu'on est assuré d'être intéressant en se réduisant au rôle modeste d'observateur exact et convaincu.

En procédant de la sorte, on trouvera peut-être quelques drames de forme nouvelle qui réussiront et feront école à leur tour. Une œuvre originale, un grand artiste révélés, rayonnent tout à coup sur un genre et le fécondent en consolant d'une longue période de somnolence et de routine.

CHAPITRE V

LIBERTÉ DE RECOURIR AU VIEUX RÉPERTOIRE

Le retour vers Molière. — Comment on doit dire les vers. — Mme Cornélie. —
Vulgarisation du répertoire classique. — La comédie de salon. — De l'influence
des maîtres.

L'inauguration de la liberté des théâtres s'est faite au nom
de Molière : partout Molière a été affiché, partout il a été
acclamé. On eût dit vraiment, à voir cet empressement, que
le théâtre du grand moraliste nous était rendu après un long
interdit.

Les artistes de l'Odéon vinrent jouer *Tartufe* et le *Dépit
amoureux* au théâtre Déjazet; la Porte-Saint-Martin reprit le
Tartufe et *l'Avare*; le Théâtre-Français remit au répertoire,
après un exil de trente ans, la *Comtesse d'Escarbagnas*. Dans
le même temps la Comédie reprenait les *Femmes savantes*.

Ce retour vers Molière ne pouvait pas, disons mieux, ne
devait pas se soutenir longtemps sur les scènes secondaires,

par la raison que l'exploitation du genre classique est plus honorifique que lucrative, même à la Comédie-Française.

Et cependant quel admirable ensemble existe encore dans notre premier théâtre! Quels éléments d'attraction! Comme la Comédie-Française est organisée pour jouer le genre classique! Elle a conservé les traditions : elle sait parler le beau langage du dix-huitième siècle, porter le justaucorps, la vaste perruque, le chapeau et l'épée des marquis de Versailles; les grandes robes et les hautes coiffures des Célimène ou des Araminthe! Elle a les manières, les belles élégances ; elle a le diapason.

Ailleurs, hélas! les interprètes manquent à peu près absolument! « Pour dire les vers, il faut (c'est un maître, M. Théophile Gautier, qui parle), il faut, ce qu'on n'admet guère aujourd'hui, des études spéciales; il faut apprendre à soutenir la rime sans trop la faire sonner, indiquer légèrement l'hémistiche, mêler le rhythme au mouvement de la phrase, ménager les reprises de respiration, distribuer l'ombre et la lumière sur les tirades, éteindre sous un glacis les vers qui ne sont là que pour amener le vers à effet, faire contraster la voix sombrée et la voix blanche; introduire l'inflexion juste dans la mélopée prosodique, enfin tout un art compliqué comme celui du chant, et peut-être davantage. »

Sans doute il faut tout cela pour bien dire les vers, et le succès du genre classique ne s'obtient qu'au prix d'une diction irréprochable. Mais enfin le droit universel à ce genre est désormais acquis. Le répertoire classique est un immense trésor intellectuel mis par l'Empereur à la disposition de tous les théâtres. En use qui pourra, qui voudra. La faculté d'y recourir n'est-elle pas déjà un bienfait? Qu'une tentative heureuse se produise, celle, par exemple, que vient de faire une tragédienne intelligente, Mme Cornélie, en plantant avec un talent fougueux le drapeau de Corneille sur l'estrade d'un café-concert, et cela seul suffirait pour affirmer le bienfait de l'Empereur.

De ces tentatives isolées il reste toujours quelque chose. Les grands et bons sentiments de nos classiques se glissent dans la mémoire comme des réminiscences involontaires. On venait dans un endroit vulgaire pour trouver un instant de distraction insignifiante : on en sort étonné de remporter une grande pensée et une noble émotion !

Et la langue française ! N'est-ce donc rien que de lui fournir, ne fût-ce que par hasard, par accident, l'occasion de se redresser fièrement au contact de nos maîtres immortels ? « Participons tous, autant qu'il est possible à la même littérature ! La langue de la nation et le cœur de la nation ne font qu'un : l'un et l'autre se sont achevés et perfectionnés mutuellement. — Où la langue s'altère, le cœur français s'altère aussi (1) ! »

Grâce à la liberté du vieux répertoire, le peuple pourra de temps en temps trouver dans les théâtres publics la diversion des chefs-d'œuvre de notre littérature : en outre, il s'exercera de plus en plus à les apprendre et à les jouer lui-même sur des scènes particulières.

Depuis quelque temps déjà, certaines réunions d'ouvriers placent en tête de leurs divertissements mensuels, la comédie de société.

Les typographes de Paris, les jeunes ouvriers du huitième arrondissement, et un grand nombre de groupes populaires donnent périodiquement des représentations théâtrales.

Chaque année on tire à plus de vingt mille exemplaires les éditions à bon marché de nos classiques. Les sentiments que ces pièces expriment élèvent le cœur du peuple et le morali-

(1) ÉDOUARD THIERRY. *De l'Influence du théâtre sur la classe ouvrière.* — (Paris, Panckoucke, 1862.) Voir ce remarquable travail de l'excellent directeur de la Comédie Française.

sent. Pendant qu'il est occupé à entendre ces pièces ou à les jouer, le peuple lit moins de mauvais pamphlets, boit moins de mauvais vins, hante moins de mauvais lieux. Il est moins excité aux violences.

Le théâtre envisagé ainsi monte à la hauteur d'un enseignement.

Or l'instruction développe et fortifie le sentiment de la dignité de l'homme, c'est-à-dire la conscience de ses droits et de ses devoirs. Celui qui est éclairé fait appel à la raison et non à la force pour réaliser ses désirs.

Quant aux classes supérieures, elles accusent de plus en plus leur goût pour la comédie de salon. Là aussi le répertoire classique est en honneur, au moins autant que les nouveautés à la mode.

Presque toutes les grandes habitations ont leur théâtre. Les plus illustres représentants de la noblesse, de la finance et même de la magistrature ne craignent point d'accepter et de jouer des rôles.

Cette tendance a une double signification :

Sans doute, elle témoigne du besoin toujours très-vif parmi nous, d'accuser sa personnalité. La comédie de salon offre un moyen piquant de se mettre en relief devant une galerie connue. Mais aussi ce goût précise l'état actuel de notre esprit de société. On ne cause plus dans les salons comme on y causait autrefois. Aujourd'hui on parle avec le dialogue d'un auteur. On prend la conversation toute faite dans une pièce de théâtre. Cette conversation impersonnelle et inoffensive vaut encore mieux qu'un échange de fadeurs ou de médisances. Cela continue la tradition du geste, de la diction et du costume.

Mais il y a plus : il n'est pas possible que la faculté d'user du vieux répertoire avec une liberté absolue ne finisse pas par exercer une influence utile, et comme une sorte de rénovation, sur l'ensemble du répertoire des théâtres secondaires.

On a prétendu qu'au lieu de fortifier la production locale, les chefs-d'œuvre des maîtres tueraient cette production par le contraste. Nous ne le croyons pas, et voici pourquoi :

Nos classiques ont atteint la perfection; l'un par l'émancipation de la raison, par la fierté d'un cœur qu'indigne la bassesse partout où il croit la voir; l'autre par l'héroïsme des caractères, dont il sait faire, à l'image de l'idéal qu'il trouve en soi, des personnages vivants non moins que des types de la grandeur humaine; l'autre par la satire, dont il fouette le vice ou la méchanceté; tous, par cette noble inspiration, par cette droiture, par ce bon sens qui est la propre marque de l'intelligence française, ils ont mis en relief, avec un talent suprême, les vérités générales.

Or il est désirable que chaque écrivain vive dans la familiarité de ces vérités, non pas pour copier ou imiter la forme admirable sous laquelle nos maîtres les ont présentées, mais pour s'inspirer d'eux et imprimer à leurs idées une forme nouvelle ou simplement différente.

Si la forme littéraire était absolue; si, parce que nos devanciers ont atteint la perfection, il fallait s'immobiliser à tout jamais dans la contemplation de leurs œuvres, la littérature cesserait d'exister.

Mais il n'en est pas ainsi. — Sur le fond immuable des vérités éternelles, chaque génération vient broder à son tour. Voilà pourquoi une littérature n'est jamais morte; voilà pourquoi elle peut, à un certain moment, être terne, languissante, et ensuite briller d'un éclat nouveau. Toute littérature existe en reprenant, sous une forme différente, le fond commun. Or ce fond, toujours le même, c'est l'homme !

Nous venons d'analyser et de commenter les diverses con-

cessions imparties par le décret de 1864. Il nous reste maintenant à aborder les défenses et les réserves de ce décret.

Ces défenses et réserves sont relatives :

1° Au droit des pauvres ;
2° A la censure ;
3° Aux cafés-concerts.

CHAPITRE VI

DU DROIT DES PAUVRES

Historique de cet impôt. — Son abolition définitive en Belgique. — Il est inconci-
liable avec le régime de la liberté théâtrale. — Contradiction entre le maintien
de la taxe des pauvres et la concession de subventions. — MM. Coulon, Lau.

Cette grave question est plus que jamais à l'ordre du jour.
D'abord, quelle est l'origine de cette perception?
On la trouve clairement définie dans l'exposé des motifs
de l'ordonnance royale du 25 février 1699 :

« Sa Majesté (Louis XIV) voulant, autant qu'il est possible,
» contribuer au soulagement des pauvres dont l'hôpital gé-
» néral est chargé, et ayant, pour cet effet, employé tous les
» moyens que sa charité lui a suggérés, elle a cru devoir
» encore leur donner quelque part *aux profits considérables*
» qui reviennent des opéras de musique et des comédies qui

» se jouent à Paris par sa permission ; c'est pourquoi Sa Ma-
» jesté a ordonné et ordonne :

» Qu'il soit perçu au profit de l'hôpital général, pour être
» employé à la subsistance des pauvres, un sixième en sus
» des sommes qu'on reçoit et qu'on recevra à l'avenir pour
» l'entrée aux opéras et aux comédies. »

Ainsi le roi veut que le plaisir du riche contribue au soulagement du pauvre, et il fixe le taux de la redevance à *un
sixième de la recette.*

Si, au moment où il créa cette perception, les deux ou trois
seuls théâtres existant alors dans Paris, l'Opéra et la Comédie, eussent été dans la détresse, Louis XIV n'aurait pas
songé à ajouter un sixième à leur pertes quotidiennes.

Aussi ne parle-t-il que de *profits considérables*, c'est-à-dire
qu'à ses yeux, le gain provenant de la recette, l'excédant du
revenu sur le montant de la dépense, seront seuls l'objet de
la perception de cette part dans les profits considérables réa-
lisés par les deux théâtres d'opéra et de comédie qui jouent
à Paris avec sa permission.

Telle a été la pensée de Louis XIV.

Pour asseoir équitablement un impôt quelconque, pour lui
donner une base solide et vraie, il faut, en effet, préalablement
se rendre compte de la position des contribuables ; il faut
faire la part du temps et des circonstances, autrement on
frappe en aveugle ; mais les hospices frappent le passif comme
l'actif.

Que deviennent alors les profits considérables dont parle
l'ordonnance de Louis XIV ?

Ce qui précède est relatif au principe de la redevance.

Voici maintenant ce qui regarde sa quotité.

En 1699, le 25 février, Louis XIV la fixe au sixième de la
recette.

En 1713, le 30 janvier, la perception du sixième est étendue, par une autre ordonnance, aux spectacles populaires des foires Saint-Germain et Saint-Laurent.

En 1716, le 5 février, une ordonnance du régent prescrit encore la perception d'un neuvième, distinct du sixième de la première perception, en faveur de l'Hôtel-Dieu.

De 1744 à 1760 on fixe la redevance au quart.

En 1760, lacune dans la perception.

En 1791, *suppression de l'impôt*.

A la date du 11 nivôse, an IV (1er janvier 1796), nous trouvons un arrêté qui dit :

« Art. 1er. Tous les entrepreneurs ou sociétaires de tous les théâtres de Paris et des départements sont *invités* à donner *tous les mois*, et à dater de cette époque, une représentation au profit des pauvres, dont le produit, déduction faite des frais journaliers et de la part de l'auteur, sera versé dans les caisses désignées.

» Art. 3. Les entrepreneurs ou sociétaires seront autorisés, ces mêmes jours, à *tiercer* le prix des places et à recevoir les rétributions volontaires de tous ceux qui désireraient concourir à cette bonne œuvre. »

Mais onze mois plus tard, c'est-à-dire le 7 frimaire an v (27 novembre 1796), cet arrêté qui invite les directeurs à donner *tous les mois* une représentation au profit des pauvres, et les autorise à *tiercer*, ces jours-là, le prix des places, est remplacé par une loi qui dispose :

« Art. 1er. Il sera perçu *un décime par franc* (2 sous par livre) *en sus du prix de chaque billet d'entrée, pendant six mois*, dans tous les spectacles où se donnent des pièces de théâtre, des bals, des feux d'artifice, des concerts, des courses et exercices de chevaux, pour lesquels les spectateurs payent. »

Cet impôt du dixième en sus, qui n'avait été établi

que pour six mois, fut successivement prorogé par les lois des :

2 floréal, an v,

2 frimaire, an vi,

19 fructidor, an vi,

6° jour complémentaire, an vii,

7 fructidor, an viii,

9 fructidor, an ix,

18 thermidor, an x ;

Et par les décrets des :

30 thermidor, an xii,

18 fructidor, an xiii,

21 août 1806,

24 novembre 1808.

Il fut établi d'une manière permanente, et prorogé indéfiniment par le décret impérial du 9 décembre 1809.

Mais veut-on savoir quels motifs dictèrent ce décret?

C'est que sur quarante théâtres qui existaient alors, trente-deux furent supprimés d'un seul coup. (Juillet 1807.)

Sur les huit restants, quatre furent largement subventionnés ; pour les autres une redoutable concurrence se trouvait subitement anéantie.

Par conséquent, les huit directeurs maintenus avaient une somme de bénéfices assurée, et sur ces bénéfices l'Empereur crut pouvoir allouer le onzième aux hospices.

La Restauration et le gouvernement de juillet élevèrent successivement le nombre des théâtres de *huit* à *vingt-quatre*.

Par suite de cette augmentation de théâtres, le droit des pauvres aurait dû être diminué.

Il fut maintenu *in extenso*, et cet impôt venant aggraver les frais toujours croissant des entreprises théâtrales, on vit de nombreuses faillites enregistrées au tribunal de commerce depuis le commencement de la Restauration jusqu'à la révolution de février 1848.

Cette situation critique des entreprises théâtrales avait alarmé l'autorité.

En 1845, le 2 août, le ministre de l'intérieur commet deux inspecteurs généraux pour examiner la situation des théâtres.

MM. de Watteville et de Lurieu, chargés de ce soin, déclarèrent expressément que le droit des pauvres, tel que les hospices l'exigeaient, excédait les justes limites qui rendent un impôt durable; ils établirent que l'impôt ne pouvait être raisonnablement perçu que *sur les bénéfices*, et qu'une réduction capitale de cette taxe était le seul moyen de la conserver.

La déclaration des agents supérieurs de l'autorité était vraie, et la solution proposée par eux équitable.

En effet, la redevance des hospices n'est-elle pas un impôt? La loi du 18 fructidor an XIII ne l'a-t-elle pas assimilée, quant à son recouvrement, à celui des contributions directes et indirectes?

Or c'est un principe fondamental que l'impôt direct n'est prélevé que sur les revenus, déduction faite des charges.

Quand le revenu est affecté par des sinistres ou des non-valeurs, il y a lieu à dégrèvement; en un mot, les charges sont proportionnelles aux bénéfices.

Les choses étaient encore dans le même état, quand vint éclater la révolution de février 1848.

Un des premiers actes du ministre de l'intérieur, qui avait alors les théâtres dans ses attributions, fut de prendre une décision de laquelle il résultait qu'à l'avenir l'impôt ne serait plus perçu que sur *les bénéfices* (1). Mais l'administration

_____

(1) « ..... Dès à présent, il sera fait arbitrage, d'après les renseignements que possède le département de l'intérieur, de la somme des frais généraux de

de l'assistance publique, effrayée de cette décision, s'empressa de la faire révoquer, en proposant de réduire temporairement à 1 °/₀ ce droit, dont elle ne tarda pas à réclamer l'intégrité.

Le 31 octobre 1848, la commission des théâtres, instituée par le gouvernement, s'occupant spécialement de cette question, qualifia sévèrement, dans un rapport énergique, les prétentions des hospices, et proposa d'accepter le chiffre invariable de 5 °/₀.

Le 9 janvier 1849, le ministère de l'intérieur adressa au président de la section de législation du conseil d'État, chargée de la rédaction d'un projet de loi sur les théâtres, un article additionnel ainsi conçu :

« Monsieur le président, j'ai l'honneur d'appeler votre » attention sur une disposition additionnelle qu'il serait » peut-être utile d'insérer dans le projet de loi dont le con- » seil d'État est saisi, relativement aux théâtres.

» Détachée jusqu'ici de la loi générale sur les théâtres, » cette disposition a été insérée, depuis 1817, dans les lois » de finances ou budgets. Elle se lie, cependant, d'une ma- » nière essentielle aux dispositions générales du projet de » loi sur les théâtres que le conseil d'État étudie en ce mo- » ment.

» Veuillez, je vous en prie, l'examiner, et demander à la » section de législation son avis sur les modifications qu'on » pourrait apporter dans la perception d'un impôt fondé sur » une loi dont j'ai dû ordonner l'application, mais contre » laquelle s'élève depuis longtemps une réclamation générale.

chaque théâtre par jour, et le droit des pauvres ne sera perçu que sur les re- cettes excédant cette somme.

» Jusqu'à ce que la somme des frais de chaque théâtre ait pu être fixée d'une manière exacte, les contrôleurs des hospices devront se borner à con- stater chaque jour le montant des recettes quotidiennes... » (*Circulaire du ministre de l'intérieur du 28 février* 1848.)

« Dans le cas même où le conseil d'Etat penserait qu'il
» n'est pas possible de distraire cette disposition des lois des
» finances, où elle a figuré jusqu'à présent, son avis pour-
» rait toujours éclairer la question au point de vue du prin-
» cipe même de l'impôt, et me permettrait de solliciter de
» l'Assemblée législative, au moment de la discussion du
» budget, une diminution demandée avec instance par les
» directeurs des théâtres de Paris. »

L'article additionnel au projet de loi sur les théâtres por-
tait :

« La perception faite, conformément aux lois existantes,
» sur les billets d'entrée dans les théâtres sera, à l'avenir, de
» 5 % sur la recette brute des billets pris aux bureaux. »

Les préoccupations politiques, la nécessité de conserver,
au moins temporairement, toutes les dispositions fiscales
existantes, ne permirent pas de réaliser ces projets de réforme.

Le décret de l'an v, c'est-à-dire le principe du décime
par franc, régissait donc les théâtres le 5 janvier 1864, et le
nouveau décret impérial qui ce jour-là proclamait la liberté
théâtrale maintenait l'impôt dans toute sa rigueur.

On a pu se convaincre par la lecture de l'historique précédent que la perception de la taxe des pauvres a subi bien des
intermittences, bien des modifications.

Tantôt l'importance des bénéfices recueillis a permis d'en
augmenter le chiffre.

Tantôt la difficulté des temps et les embarras des entrepreneurs de théâtres ont mis dans la nécessité de l'abaisser.

On est donc forcé de reconnaître que, même sous le régime
du privilége, le taux de la redevance n'était pas immuable,
et que son abaissement et son élévation ont dépendu tour à

tour de la bonne ou de la mauvaise fortune des entreprises théâtrales.

Enfin, en ce moment encore, cet impôt est variable. A Paris, il est des établissements où l'administration des hospices consent des abonnements au-dessous du taux légal.

En province certains conseils municipaux vont, avec la sanction des préfets, jusqu'à affranchir leurs théâtres de tout impôt au profit des pauvres.

Si la haute administration a le droit d'agir ainsi, l'impôt n'est donc plus une *disposition absolue*, comme le veut la loi sur les contributions directes.

Cet impôt a donc deux poids et deux mesures!..

Rien de plus choquant!

C'est uniquement ou presque uniquement à cause de cette inégalité de perception de la taxe des pauvres que le conseil communal de Bruxelles a fait disparaître de la Belgique, en novembre 1866, le droit des hospices.

Et pour qu'on ne mette pas nos assertions en doute, nous copions, en l'abrégeant, le bulletin officiel de Bruxelles, document précieux que nous devons à l'obligeance de notre intelligent confrère belge, M. Delvil.

BRUXELLES. — CONSEIL COMMUNAL. — Séance du 26 novembre 1866

Présidence de M. Jules Anspach, *bourgmestre*

Discussion du budget. Art. 6. TAXE DES PAUVRES (1)

M. Lacroix..... La première chose qui frappe, quand on compare les chiffres de la taxe des pauvres perçue sur les divers théâtres ou .établissements de plaisir de Bruxelles, c'est une injustice flagrante qui atteint les uns en exonérant les autres. Vous voyez, par cette disproportion étonnante, que ce sont les plaisirs à bon marché qui payent le plus.

(1) Par un arrêté royal, en date du 24 août 1821, la taxe des pauvres était rentrée, en Belgique, dans les attributions souveraines des communes. Toutes les lois visées dans cet arrêté de 1821 étaient communes à la France et à la Belgique. Elles figurent dans les recueils français.

Ainsi le Casino, qui est fréquenté en partie par des gens qui n'ont pas les moyens de payer une stalle au Grand-Théâtre, contribue pour une somme de près de six mille francs environ. D'autres industries plus grandes et qui seraient plus à même de payer donnent une somme moins élevée.

J'avoue que cette première inégalité me paraît choquante. Vous ne pouvez faire de différence. Mais il n'y a pas que cette injustice résultant d'une répartition inégale : il y a des exceptions qui résultent de ce que certains théâtres ne sont pas atteints par ce droit, ne payent pas un centime soit pour le droit, soit pour le forfait. Ce sont évidemment là des catégories injustifiables, et je crois que sur ce terrain le conseil sera d'avis qu'il y a à examiner une question de justice et de réparation.

La majorité du conseil est mue par un sentiment qui, si je l'ai bien compris, est celui-ci : il s'agit de développer, de favoriser autant que possible, tous les plaisirs publics, d'attirer à Bruxelles le plus grand nombre d'étrangers possible, Bruxelles étant une capitale qui doit songer à tenir le rang de splendeur qui convient à une ville de son importance. Mais, messieurs, pour que la splendeur se maintienne, il faut que les plaisirs soient nombreux, que les fêtes que vous donnez attirent le plus d'étrangers possible. Il n'y a pas, je pense, que le plaisir du grand opéra. Il y a aussi les concerts, les bals, la comédie, le vaudeville, l'opérette même. Il est prouvé d'une manière éclatante que ces plaisirs attirent beaucoup d'étrangers... Vous tous qui voulez en conséquence, dans l'intérêt de la ville, favoriser les plaisirs publics et même attribuer à certains d'entre eux des subventions, des subsides, vous devez demander l'exonération de tous les plaisirs publics, vous devez vouloir qu'ils soient accessibles au plus grand nombre et qu'ils aient le plus d'éclat possible. Or la première condition pour atteindre ce résultat, c'est de ne pas frapper les plaisirs de la taxe lourde, onéreuse, absolument exceptionnelle du droit des pauvres, qui ne frappe aucune autre industrie de luxe.

Le produit de cette taxe qui vient se verser dans votre caisse, vous l'enlevez aux entrepreneurs de plaisirs publics; c'est un bénéfice qui leur est peut-être nécessaire.

Dernièrement vous avez accordé un subside de dix mille francs au théâtre du Parc; vous lui avez repris neuf mille quatre cents francs pour les pauvres! Ce qu'on donnait d'une main au théâtre du Parc n'était donc que l'équivalent du droit des pauvres, qu'on lui reprenait de l'autre. Et pendant ce temps, d'autres théâtres se trouvaient dans des conditions inférieures... Je ne vous demande pas d'encouragement en argent, mais je demande que vous n'écrasiez pas ces entreprises d'une charge lourde et inégale.

Il s'est passé, il y a quelque temps, un fait douloureux. Une administration théâtrale a laissé des déficits considérables. Les artistes qui avaient été engagés, obligés de vivre au jour le jour, ne parvenant pas à nouer les deux bouts, ont été réduits à la plus profonde misère. Vous avez entendu leurs réclamations et leurs plaintes

Pourquoi avoir fait dans le passé cette différence entre vos administrés, en subsidiant l'un et ne donnant rien à l'autre ?

A quelque point de vue que l'on se place, le droit des pauvres doit être supprimé. Et maintenant que le conseil a bien manifesté, par son vote, l'intention ferme et complète de favoriser le développement, dans la mesure la plus large, des plaisirs à Bruxelles, il ne voudra pas que ces plaisirs courent le risque de décroître par cette taxe qui peut les priver d'une partie de leurs bénéfices et même de leur nécessaire.

J'ai vu hier, dans un journal, un fait que je crois être vrai. Un homme que vous connaissez tous, et qui fait beaucoup pour la langue flamande et pour le peuple, se serait trouvé dans cette terrible situation de ne pouvoir faire face aux dépenses du théâtre qu'il dirigeait et auquel il s'était dévoué, consacré, vous savez avec quel noble désintéressement. Il aurait été dans la cruelle nécessité de renoncer à son entreprise et même, pour payer les dettes qu'il avait contractées, de vendre une partie de sa bibliothèque, — c'est l'*Étoile belge* d'hier qui l'annonce, — de vendre ses livres pour payer le déficit. Et à quoi attribue-t-on ce déficit ? Précisément à cette circonstance, que vous aviez repris, sous forme de droit des pauvres, la somme que vous lui aviez allouée et qui était nécessaire pour nouer les deux bouts d'une entreprise destinée à rendre service à la ville de Bruxelles. Est-ce là ce qui s'appelle favoriser les plaisirs publics ?

Supprimez ce droit et je suis sûr que la ville y trouvera largement son compte, que sa splendeur ne fera qu'y gagner. L'administration aura fait un acte de justice, en ne frappant pas une industrie d'une taxe particulière.

M. L'ÉCHEVIN WATTEEU. Je remercie M. Lacroix d'avoir remis de nouveau en discussion le principe de la taxe sur les divertissements publics...

...Quand il sera démontré que la perception des pauvres, telle qu'on la fait aujourd'hui, rend les exploitations impossibles, je déclare que, sans la moindre hésitation, je voterai avec M. Lacroix la suppression du droit des pauvres...

M. ORTS. J'ai toujours combattu la taxe sur les divertissements publics; elle porte un nom qu'elle n'a pas le droit de porter, celui de droit des pauvres. Elle n'a pas le caractère de charité, de bienfaisance que lui attribuait l'honorable M. Watteeu. Le produit de cet impôt entre dans la caisse de la ville comme celui de tout autre impôt.

M. L'ÉCHEVIN WATTEEU. Pour passer dans la caisse des hospices.

M. ORTS. Pas plus que l'impôt de 6 % sur le revenu cadastral. Vous donnez un subside aux hospices, mais vous ne le prenez par sur telle recette plutôt que sur telle autre.

A mon avis, la taxe sur les divertissements·publics doit disparaître, parce qu'elle a un caractère d'injustice et d'iniquité qui se révèle par la façon dont elle est perçue.

Il n'est rien de tel que l'application d'une mesure pour permettre d'en juger le principe. Si l'application logique en est injuste, c'est que le principe ne vaut rien.

Or voici ce qui se passe. Il n'y a pas la moindre uniformité dans la perception de la taxe sur les divertissements publics. J'ai cru un instant qu'il y avait un principe; que la ville ne percevait pas la taxe sur les divertissements gratifiés d'un subside. Je comprenais ce système par l'excellente raison qu'on ne prend pas dans une poche ce qu'on remet dans l'autre, et qu'on n'accorde pas un subside à une entreprise pour la frapper ensuite d'un impôt qui lui enlève ce subside en totalité ou en partie.

Mais en voyant l'application, je me suis aperçu que ce principe n'existait pas, que l'administration n'avait pas raisonné ainsi.

En effet, si, d'un côté, elle ne perçoit pas la taxe des pauvres sur le théâtre de la Monnaie, parce qu'il est subsidié, elle la perçoit sur le théâtre Flamand, quoiqu'il soit subsidié.

M. LE BOURGMESTRE. Il ne serait pas régulier d'exempter le théâtre Flamand de la taxe.

M. ORTS. Vous en exemptez bien le théâtre de la Monnaie. Vous voyez bien que vous n'avez pas de principe pour la perception de la taxe.

On nous dit : Pourquoi vous plaignez-vous de ce que l'on grève certaines industries d'un impôt juste, puisqu'il frappe le plaisir? Si cela est vrai, pourquoi ne frappe-t-il que certains plaisirs et non pas les autres? L'impôt devrait frapper tout le monde. Remarquez que vous enlevez aux directeurs de certains théâtres une somme qui peut-être leur est nécessaire pour balancer leur compte. Cela peut se présenter; et cela étant, est-il juste qu'un théâtre soit ainsi frappé lorsque vous ne frappez pas de même toutes les autres industries?

Dans ces conditions, la taxe est injuste et illégale. Elle doit être supprimée. Lorsqu'elle aura disparu, vous vous arrêterez dans la voie dangereuse où vous êtes entrés, la voie des subsides et des encouragements. Lorsque vous n'imposerez plus les exploitations théâtrales, lorsqu'elles auront toute la latitude possible pour attirer la foule, vous serez plus sévères dans l'allocation des subsides. Ne fût-ce que pour amener l'administration de la ville de Bruxelles à refuser tout subside aux plaisirs publics, je voterai contre la taxe....

M. CATTOIR. Comme j'ai toujours voté la taxe des pauvres sur les divertissements publics, et vu que je ne la voterai plus cette année, je tiens à déclarer que si je me rallie aux honorables membres qui ont proposé la suppression, *c'est qu'ils nous ont démontré que tous les théâtres ne sont pas traités sur le même pied;* la répartition de la taxe est donc inégale.

— La discussion est close.

— L'article 6 (taxe sur les divertissements publics) est mis aux voix, par appel nominal, et rejeté par parité de suffrages, 14 voix contre 14.

Ont voté pour : MM. Hochsteyn, Leclercq, de Roubaix, Mersman, Watteeu, Vandermeeren, de Vadder, Bischoffsheim, Jacobs, Walter, Cappellemans, Veldekens, Maskens et Anspach.

Ont voté contre : MM. Lacroix, Capouillet, Coûteaux, Lemaieur, Fontainas, Godefroy, Splingard, Goffard, Funck, Ranwet, Cattoir, Depaire, Hauwaerts et Orts....

Voilà de quelle façon l'impôt des hospices a disparu de la Belgique.

Discutable à toutes les époques, cet impôt devient absolument inadmissible en France sous le régime de la liberté de l'industrie théâtrale.

En effet, pourquoi, sous ce régime, méconnaître, au détriment des directeurs de théâtres, le principe du droit public inauguré en 1789, et rappelé en 1852, par Napoléon III?

« Les Français sont égaux devant la loi, et c'est égale-
» lement qu'ils contribuent, indistinctement, entre eux tous,
» aux charges publiques. »

Or, quoi de plus inégal que l'impôt des pauvres, qui frappe
exceptionnellement les directeurs de théâtres?

Sont-ils exemptés de payer la patente, le personnel, les
portes et fenêtres, etc., etc.?

Sont-ils moins soumis que les autres négociants ou industriels à la juridiction commerciale, moins susceptibles de
la faillite?

Quelle distinction existe-t-il, au point de vue de l'impôt,
entre un directeur de théâtre et un médecin, un avocat, un
agent de change, un banquier, etc., etc., lesquels ne payent
leurs contributions qu'en proportion de leurs loyers?

Pourquoi cette immunité envers ceux-ci, cette rigueur envers ceux-là?

Ne devrait-on pas, au contraire, tenir compte aux théâtres
de ce qu'ils ouvrent des sources nombreuses et exceptionnelles de produits au profit de la ville de Paris?

Les étrangers, les provinciaux y sont attirés par eux; la
consommation des théâtres en matières premières soumises
à l'octroi est considérable : bouilles, huile à brûler, toiles,
bois, fers et denrées de toute nature, etc., etc.

Mais, dira-t-on, certains théâtres à Paris, font d'énormes
recettes : l'augmentation continuelle de la population locale;
l'immigration incessante de ces mêmes provinciaux et étrangers, tout contribue à amener un surcroît important de produits dans les théâtres.

On ne peut nier que le niveau des recettes théâtrales à
Paris, ne se soit, en effet, notablement élevé; mais en même
temps les frais ont augmenté dans une proportion plus qu'é-
quivalente : la cherté des loyers et des salaires, la nécessité
d'ajouter sans cesse au luxe de la mise en scène, dans une

7

cité devenue elle-même de jour en jour plus fastueuse, tout concourt à l'aggravation des frais. Dépenser beaucoup, c'est la condition d'existence des théâtres d'aujourd'hui : les auteurs, les artistes ne subissent plus la loi, ils la font : les services, même subalternes, reçoivent des traitements relativement élevés. C'est une conséquence naturelle des charges de la vie parisienne, charges aujourd'hui poussées à l'excès.

N'oublions pas l'impôt du timbre, dont les dispositions nouvelles augmentent de cinq mille francs par année les frais d'affichage de chaque théâtre.

Et c'est à ces charges écrasantes que vient s'ajouter encore l'impôt du onzième de la recette, en faveur des hospices !

On peut affirmer que la déconfiture d'un théâtre n'a que trop souvent pour cause cette charge du droit des hospices.

Qu'on demande aux syndics des diverses faillites théâtrales, et notamment à l'honorable M. Lefrançois, qui fut souvent désigné par le tribunal de commerce, si « dans la con- » fection du bilan ou dans le rapport qui doit faire connaître » au parquet les causes apparentes de ces catastrophes, on » n'apercevait pas immédiatement ce terrible droit des pau- » vres, qui tarit toute ressource, étant prélevé chaque soir, » sans trêve ni répit ! »

Ainsi voilà des directeurs qui peuvent démontrer, *leurs livres de commerce en mains, que le prélèvement du onzième de la recette brute au profit des pauvres correspond exactement au chiffre de leur passif, que c'est donc uniquement le luxe des hospices qui a motivé la mise en faillite de ces directeurs !...* Voilà des gens ruinés pour avoir fait... quoi ? trop de bien aux pauvres (1) !

---

(1) Ce qui précède a été rédigé avec le concours précieux de MM. Coulon, avocat, et J. Lan, ancien agréé au tribunal de commerce de la Seine. Nous saisissons cette occasion de leur exprimer publiquement notre reconnaissance, pour leur zèle et leurs soins constants et désintéressés en faveur de la cause des théâtres.

Une autre objection est adressée aux théâtres, pour repousser leurs réclamations.

On leur dit : « Ce n'est pas le directeur qui contribue au » droit des indigents, c'est le spectateur payant qui supporte » un supplément de prix de sa place au profit des pauvres. »

Cette argumentation obtient un succès constant dans les assemblées délibérantes : on l'accepte sans observation, comme un axiôme indiscutable. On la juge comme on l'aurait jugée il y a un siècle. On ne veut pas se rendre compte des changements survenus dans les mœurs du public, dans le régime des théâtres. On se refuse à croire qu'un nouvel examen de la question soit possible.

Quelques phrases philanthropiques, en usage pour la circonstance, coupent court à toute discussion. « Ce prélèvement est sacré ! C'est le plaisir du riche contribuant au soulagement du malheureux ! etc. » Et l'on éternise la tyrannie d'un impôt, uniquement parce qu'il touche le cœur, en s'abritant sous ce mot sympathique : *droit des pauvres.*

Voyons, le temps n'est-il pas venu d'examiner la valeur réelle des choses, sans s'arrêter aux idées et au langage de convention ? Pourquoi une nouvelle et sérieuse étude serait-elle moins opportune et moins légitime ici qu'elle ne l'est pour d'autres impôts où l'on admet journellement le principe de la révision ?

En attendant, il nous paraît hors de doute que sous le régime de la liberté industrielle, la recette que fait un théâtre est réellement et exclusivement son bien, sa chose.

Le prix des places ne représente plus deux ordres d'idées, le droit des pauvres et le droit de l'administration théâtrale.

Ce prix est devenu l'expression absolue de la valeur de l'objet vendu, c'est-à-dire du billet de théâtre ; en un mot, c'est la rémunération réelle, et sans division, des efforts de l'industrie théâtrale.

Et cela est tellement vrai que si la taxe des pauvres venait à disparaître, le public ne se préoccuperait pas un seul moment d'un dégrèvement pour son propre compte. La recette tout entière resterait au directeur, et l'on serait bien forcé de conclure que l'aumône, en matière de théâtre, était réellement supportée par l'industrie théâtrale et non par le public.

Que l'on examine ce qui se pratique dans les pays voisins.

En Espagne, les chemins de fer souffraient depuis longtemps du marasme d'une crise financière minant leurs entreprises, et leur ôtant tout profit et tout lucre.

Qu'a fait le gouvernement espagnol?

Il a supprimé le droit du dixième imposé sur le prix des places des voyageurs, afin que ce dixième que payait le public, *en supplément*, profitât aux compagnies!

La Belgique, en supprimant le droit des pauvres sur les théâtres, n'a pas eu d'autre intention que de venir en aide à une industrie si utile aux arts, à l'esprit; et le gouvernement belge a laissé ce *supplément* aux directeurs!

D'ailleurs que veut dire *supplément* quand il n'y a plus de tarif obligatoire?

Les arguments que nous empruntons à l'état actuel de liberté de l'industrie théâtrale sembleraient exclure les théâtres subventionnés du bénéfice de nos conclusions.

Nous ne sommes point les avocats des théâtres subventionnés, mais nous pensons qu'ils doivent être exonérés de la taxe des pauvres pour les raisons que voici : l'État semble dire à ses théâtres impériaux : « Je sais qu'avec vos » seules ressources vous ne pourriez pas remplir les obliga- » tions que je vous impose, engager des artistes de premier » ordre, jouer dignement les chefs-d'œuvre du répertoire an- » cien, conserver la tradition classique, accueillir et en- » courager les nouveaux talents qui se produiraient; je me » rends compte exactement du déficit qui résulterait pour

» vous de ces charges extraordinaires à la fin de chaque an-
» née, et je viens combler le déficit par une subvention que
» je vous accorde. En un mot, si je vous donne un subside,
» c'est qu'il m'est prouvé qu'il vous est indispensable ; si je
» fixe le chiffre invariable de ce subside, c'est que je suis
» convaincu que, quoi que vous fassiez, vous ne pouvez pas
» vous en passer. — Eh bien ! d'un côté, je vous donne votre
» subvention, et de l'autre je vous en reprends la plus grande
» partie pour les hospices. »

Que ne subventionne-t-on directement les hospices ?

Voici maintenant une autre objection capitale :

Songez, dit-on, que l'impôt donne à Paris environ 1 million 800,000 francs par an aux hospices, et qu'il doit, en
1867, par suite de l'Exposition universelle, dépasser 2 millions !

Cela revient à dire que la meilleure raison du maintien
de ce prélèvement, c'est son énormité !

« Or, ajoute-t-on, trouvez-nous un moyen de remplacer
» cette contribution charitable ; indiquez-nous une autre
» ressource, pour ne pas diminuer le budget de la bienfai-
» sance publique, et pour compenser cette somme versée, tous
» les ans, dans les caisses de la régie du droit des pauvres ! »

Voici notre réponse : ou bien le droit est fondé, et les théâtres doivent s'y soumettre comme par le passé ; ou bien ce
droit est injuste, et c'est à l'autorité elle-même qu'il incombe
de chercher à remplacer cette perception par d'autres voies et
moyens à sa disposition.

Et, par exemple, pourquoi l'administration des hospices
détient-elle un si grand nombre d'immeubles dont le capital,
mis en valeur dans les caisses de l'État, donnerait des revenus
infiniment supérieurs aux produits de la taxe sur les théâtres ?

Quelques personnes proposent un autre expédient qu'elles
trouvent aussi simple que concluant :

*Ce serait la double suppression — et des subventions —
et de la taxe des hospices.*

« Ce que les hospices perdraient ainsi leur serait rendu,
disent les auteurs du projet, par le moyen des subventions,
dont on verserait le montant, à titre de subside, aux pauvres.

» L'État paye près de deux millions par an aux théâtres
subventionnés. Les hospices de Paris encaissent environ
somme égale, à l'aide de l'impôt sur les théâtres. Il y aurait
donc une grande facilité de compensation.

Quant aux théâtres précédemment subventionnés, ils
retrouveraient dans la suppression du droit des pauvres une
bonification à peu près équivalente au chiffre de leur subvention.

» Et même, dans certaines circonstances, il y aurait pour
eux un avantage.

» Ainsi, cette année, par exemple, tel théâtre qui reçoit une
subvention de cent mille francs arrivera, très-probablement,
à atteindre douze cent mille francs de recettes, ce qui veut
dire qu'il payera cent huit mille francs aux hospices. Eh
bien, si on lui avait retiré sa subvention, mais en l'exonérant du droit des pauvres, il aurait, de ce chef, réalisé un
bénéfice de huit mille francs.

» Cette combinaison aurait donc l'avantage d'exonérer toute
l'industrie théâtrale du fardeau de l'impôt des pauvres, sans
porter de préjudice grave, ni aux hospices, ni aux théâtres
actuellement subventionnés. »

Le préjudice serait, au contraire, très-grand pour les
théâtres impériaux. La suppression de l'impôt profiterait à
tous les théâtres, eux exceptés, ce qui ne serait pas équitable.

Au surplus, la proposition de supprimer les subventions
a été faite au Corps législatif dans la séance du 20 juillet
1867. Elle a été repoussée spontanément et comme d'in-

stinct. L'assemblée a voulu protester en faveur des théâtres nationaux, chargés, *à titre souvent onéreux*, « de rappeler aux générations les grandes traditions et les grands maîtres de l'art théâtral, soit lyrique, soit littéraire. »

CONCLUSION

L'exonération de la taxe des pauvres est devenue de toute nécessité pour les théâtres.

C'est leur droit comme conséquence de la liberté accordée à leur industrie.

C'est la loi impérieuse de leur salut, en dehors même de tout droit.

Enfin, cette exonération serait peut-être un moyen de transformer le genre qui tend à envahir les théâtres.

On leur reproche en général de n'admettre que des pièces légères, à spectacle, à musique, destinées plutôt à la satisfaction des sens qu'à celle de l'esprit.

7.

Les directeurs répondent :

« Nous n'avons pas le moins du monde la passion systématique du genre que vous blâmez.

» Le public qui lit, étudie, pense, ou se surmène dans le jour par le travail et les affaires, semble demander le soir, aux théâtres, une distraction et non pas une nouvelle contention d'esprit.

» Nous servons nos spectateurs suivant les goûts qu'ils accusent.

» Vouloir contrarier ce courant, prétendre imposer partout un programme purement littéraire, c'est-à-dire sobre, sérieux, élevé, ce serait exposer notre industrie à de grandes pertes d'argent.

» Or nos frais déjà si élevés, et rendus excessifs par l'impôt des pauvres, ne nous permettent guère de tenter et surtout de soutenir ce rôle périlleux de réformateurs.

» Cependant, que l'on vienne à notre aide en nous débarrassant des entraves de l'impôt des hospices, et nous sommes prêts à marcher dans toutes les voies qui seront jugées les meilleures. Nous aurions du moins une compensation aux sacrifices pécuniaires que ces tentatives pourraient coûter à nos entreprises. »

Telle est la réponse des directeurs.

M. Édouard Lemoine a expliqué, dans une de ses spirituelles causeries hebdomadaires, comment le comité des artistes dramatiques avait été, de son côté, amené à composer
et à remettre un travail sur le droit des pauvres :

« L'on raconte, dit M. Édouard Lemoine, que lors de la dernière visite faite par le comité à S. Exc. M. le ministre d'État, à l'occasion du
premier de l'an... M. le ministre, après s'être enquis de la prospérité toujours croissante de cette intéressante association, aurait mis la conversation sur la question des théâtres, et il aurait demandé si l'on ne son-
geait pas à réclamer l'abolition du droit des pauvres. Une des personnes
présentes aurait fait observer que bien souvent cette réclamation avait
été faite avec ardeur, suivie avec intelligence, et que toujours elle avait
échoué. Le ministre aurait répondu que cela ne l'étonnait pas, qu'alors
que l'industrie théâtrale était une industrie privilégiée, il n'y avait rien
que de juste à ce que cette industrie privilégiée fût frappée d'un impôt
en faveur des pauvres ; que privilége entraîne naturellement charge et
redevance. Mais, aurait ajouté Son Excellence, aujourd'hui l'industrie
théâtrale est une industrie comme toutes les autres, elle court les mêmes
risques, elle a les mêmes devoirs, mais elle a aussi les mêmes droits.
Le premier de tous, c'est le droit de la liberté, le droit pour chaque
industriel d'exercer sans entrave, sans gêne aucune, selon ses forces,
selon son intelligence, avec toutes ses ressources, l'état auquel il se
consacre, etc., etc. On a objecté que le droit des pauvres est un droit im-
prescriptible, car il n'est pas payé par l'industrie théâtrale. Il est, dit-
on, payé par le public, car dans le prix du billet que chacun prend à la
porte a été comprise, depuis longues années, la part du pauvre, qu'on a
même appelée ingénieusement l'impôt du plaisir. — Mauvais argument !
Qu'est-ce que le prix ? où commence-t-il, où finit-il ? qui l'a fixé ? qui a
le droit de le diminuer, de l'augmenter ? Une seule personne, l'industriel !
Et c'est à cet industriel que vous viendrez dire : dans ce prix librement
arrêté par vous, selon les besoins de la demande et de l'offre, il y a une

part qui ne vous appartient pas et qui est aux pauvres! L'industriel ne vous comprendra pas, et il demandera ce que c'est qu'une industrie libre; et il criera à l'injustice! et il aura raison. L'impôt est assez considérable; qu'importe, s'il est injuste? Il ne faut pas respecter ce qui est injuste, et dût-on risquer un peu de sa popularité en combattant pour l'équité, il faut combattre! Il n'y a pas au monde de cause juste dont le monde ne finisse par reconnaître la légitimité. — Le ministre aurait terminé en disant : « Qu'il serait heureux qu'on lui présentât un travail sur la » question ; qu'il se faisait honneur d'avoir coopéré à la proclamation de » la liberté de l'industrie théâtrale, et qu'il voulait que cette liberté fût » une vérité. »

C'est, dit-on, à la suite de cette conversation si empreinte de bienveillance et d'équité, que le comité des artistes rédigea ses observations. Comme elles feraient double emploi avec ce qui précède, on nous excusera de ne pas les reproduire.

Plusieurs écrivains d'une grande notoriété ont, à diverses reprises, défendu les théâtres contre l'impôt des hospices. En première ligne il faut citer M. Francisque Sarcey, qui ne laisse jamais échapper l'occasion de raviver l'intérêt de cette cause, et de lui fournir le secours de son argumentation loyale et solide.

Un célèbre avocat, M. Paillard de Villeneuve, dont nous nous glorifions d'être depuis longtemps l'ami et le client, a aussi traité ces questions avec une compétence incontestable.

Nous regrettons que les auteurs dramatiques n'aient pas cru devoir intervenir en faveur des entreprises théâtrales, au sujet du droit des pauvres. Il est vrai que les auteurs perçoivent leurs droits sur la recette brute, d'où il résulte cette anomalie que, pour eux, la recette *du directeur* se compose de la totalité de la somme versée par les spectateurs, tandis que, suivant le système établi par l'administration même des hospices, la recette du directeur est distincte de celle qui résulte du prélèvement de la taxe des pauvres ! Les directeurs rétribuent donc les auteurs, 1° sur une somme que le théâtre reçoit, 2° sur la part des pauvres, qu'il ne reçoit pas.

La chose est d'importance : elle vaut que nous nous y arrêtions un moment pour la bien faire comprendre des lecteurs peu familiarisés avec ces questions.

Prenons un exemple :

Nous supposons qu'un théâtre a fait, dans l'année, une recette de un million. Les pauvres perçoivent neuf pour cent, soit le onzième de la recette, sur un million,
c'est. . . . .   90,000 fr.

La recette *réelle* du théâtre n'est donc plus, déduction faite du droit des pauvres, que de . . . .   910,000 fr.

C'est sur cette somme de 910,000 fr. que le théâtre devrait avoir à payer les auteurs.

Eh bien ! cela ne se passe pas ainsi.

Sous le prétexte que chaque théâtre est à la fois percepteur de sa recette et de celle des hospices, les auteurs se font encore payer par la caisse du théâtre 10, 12 ou 14 pour cent (ces chiffres sont variables), sur les 90,000 fr. encaissés par les pauvres, *ce qui fait pour l'ensemble des théâtres de Paris, un préjudice de plus de cent vingt mille francs par an !*

Est-ce juste ?

Si l'industrie théâtrale n'obtient pas un dégrèvement total ou partiel de la taxe des hospices, voici ce que nous croyons devoir conseiller de faire :

Solliciter de l'autorité le rétablissement, au contrôle de chaque théâtre, du bureau spécial de l'impôt des pauvres.

Alors, du moins, la recette sera distincte : il y aura celle des hospices et celle des théâtres. Les auteurs ne percevront sur le théâtre que ce qui leur en revient légitimement, et ils se feront verser par les hospices — s'ils peuvent le faire — ce qui leur sera dû sur la recette des hospices.

Quant à ce qui est de refuser le payement de la taxe des pauvres, intention qui est, nous assure-t-on, celle d'un ou deux directeurs nouveaux, nous désirons sincèrement qu'ils ne persistent point dans ce projet :

1° Parce que leur refus d'acquitter l'impôt serait contraire à la loi et au décret de 1864 ;

2° Parce qu'il compromettrait les intérêts de tous les autres directeurs.

Une résistance — et une résistance illégale — ne pourrait avoir d'autre résultat que de faire rejeter, sans rémission, toute réclamation tendant au dégrèvement de l'impôt des hospices.

CHAPITRE VII

DE LA CENSURE THÉATRALE

Abrégé historique de la censure théâtrale en France. — Les lois de septembre 1835. — Discours de MM. Thiers et de Lamartine sur la censure. — La commission d'enquête de 1849. — Détails curieux. — Les directeurs de théâtres en 1849. — M. Nestor Roqueplan. — Les critiques. — M. Théophile Gautier. — Tableau du journalisme. — Ce qu'on doit préférer de la censure préalable ou de la censure répressive. — Des dispositions du gouvernement. — Quelles seraient les conséquences d'une censure répressive. — Liste des pièces interdites actuellement.

La censure théâtrale est ou *préventive* ou *répressive*.

Elle est *préventive* lorsque l'auteur et le directeur sont tenus de soumettre, avant la représentation, le manuscrit et la mise en scène de la pièce au contrôle de l'autorité.

Elle est *répressive* lorsque, le contrôle préalable étant supprimé, l'auteur et le directeur, et au besoin même l'acteur, restent exposés aux pénalités qu'ils pourraient encourir par suite d'un abus fait soit collectivement, soit séparément, de leur liberté d'action.

Le décret de 1864 a maintenu la censure préalable.

La première censure a été préventive. Elle paraît remonter au règne de Charles VII, en 1442. Sous Louis XII, la liberté est absolue ; la censure est rétablie sous François Ier, et elle se poursuit aux époques suivantes, dans des conditions variées de tolérance ou de sévérité, jusqu'en 1791. À cette date, la révolution supprime *légalement* la censure ; cependant elle était rétablie *de fait* dès l'année 1792. On la voit passer à la municipalité de Paris, à la commune, à la Convention, qui exerçaient tour à tour ou même simultanément un droit réel et sévère de censure sur les théâtres.

Un arrêté du 2 août 1793 la rétablit officiellement.

Le décret de 1806 achève de la régulariser, en déclarant qu'aucune pièce de théâtre ne pourra être représentée sans l'autorisation du ministre de la police.

La présence des alliés à Paris, la période de la Restauration, ne changèrent rien à l'existence, en principe, du décret de 1806.

De 1830 à 1831, les préoccupations politiques résultant de l'avénement d'un règne nouveau, suspendent temporairement la censure plutôt qu'elles ne la suppriment. Cependant la licence des théâtres est portée à son comble. Le 19 janvier 1831, M. de Montalivet dépose un projet de loi concernant les théâtres.

« La littérature, dit le ministre, est tombée en une sorte de biographie vivante et de diffamation contemporaine. La société s'est émue ; la morale s'est offensée, et nous, qui devons être les tuteurs de tous les intérêts, nous avons été contraints de courir au plus pressé ; nous vous présentons un projet de répression que réclament avant tout les familles. Ce sont des choses toujours urgentes que la morale publique, l'intégrité du caractère national, la religion du foyer domestique et la sainteté du tombeau.

» Le gouvernement répudie la censure ; mais il veut établir une série de garanties qui, sans arrêter la liberté théâtrale, assurent la liberté du plaisir que chacun peut prendre au spectacle, sans craindre d'être surpris par l'aspect de son propre visage imité par un acteur, ou l'image de quelqu'un des siens insultée par un figurant. »

M. de Montalivet ne reconnaît pas à l'administration le droit d'empêcher la représentation d'une pièce ; aussi son projet de loi remet toute l'action à l'autorité judiciaire.

Les directeurs déposeront les manuscrits au ministère quinze jours avant de jouer les pièces. Ces manuscrits devront être conformes à la représentation ; ils porteront le titre exact ainsi que le nom des auteurs, s'ils entendent se faire nommer. L'administration, ainsi prévenue, réclamera, s'il y a lieu, l'appui de la justice pour sévir après la première représentation. Le juge d'instruction aura le droit de suspension. Mais il devra, dans les cinq jours, présenter son rapport à la chambre du conseil. Si celle-ci est unanimement d'avis qu'il n'y a pas lieu de poursuivre, elle prononcera la mainlevée et les représentations suivront leur cours. Dans le cas contraire, l'affaire sera envoyée devant le jury.

Voici quelles étaient les peines que proposait cette loi :

Un outrage à la morale publique et religieuse ou aux bonnes mœurs, deux mois à deux ans de prison, cinquante francs à cinq mille francs d'amende.

Une offense au roi, cinq cents francs à dix mille francs d'amende, six mois à cinq ans de prison ; aux ministres, cent francs à cinq mille francs d'amende, un an à trois ans de prison ; aux membres des Chambres, cent francs à cinq mille francs d'amende, un an à trois ans de prison.

Toute insulte à la personne d'un souverain étranger ou à celle des chefs d'un gouvernement étranger était passible de un à deux ans de prison, de cent francs à trois mille francs d'amende.

Pour mettre sur la scène un individu vivant, la peine était de cinq cents francs à cinq mille francs, d'un an à deux ans de prison; pour un individu mort depuis moins de vingt-cinq ans, quinze jours à un an de prison, trois cents francs à trois mille francs d'amende.

Le projet de loi ne put être ni discuté ni voté (1.

Les théâtres restèrent libres. Cependant cette liberté était soumise tacitement à la réglementation du décret de 1806.

Nous disons *tacitement*, parce qu'en apparence les administrations théâtrales semblaient affranchies de toute censure soit préalable, soit répressive; mais en réalité elles ne manquaient guère d'aller communiquer leurs manuscrits à l'autorité supérieure, afin de pressentir l'opinion officielle et de se garantir autant que possible contre les conséquences éventuelles de la représentation.

Cet état de choses se continua jusqu'au milieu de l'année 1835.

Le 28 juillet de cette année, restée tristement célèbre, un fanatique tenta contre la royauté un de ces crimes que l'histoire enregistre toujours avec une profonde horreur. Il nous répugne de rappeler ici le nom du misérable qui ensanglanta le boulevard du Temple. Ce crime monstrueux détermina la présentation et la discussion des lois mémorables qui furent votées quelque temps après, sous le nom de *lois de septembre*. Ces lois, en fortifiant le pouvoir, étaient destinées à donner à la société de plus sûres garanties d'ordre et de moralité.

Au titre IV des lois de septembre figurent les questions relatives aux théâtres.

La réglementation déterminée par ce titre IV a continué

(1) HALLAYS-DABOT, *Histoire de la censure théâtrale en France.*

d'être appliquée dans les théâtres depuis l'année 1835 jusqu'au 5 janvier 1864.

Après 1848, les théâtres ont eu, il est vrai, une période de liberté qui a duré un peu plus de deux années; mais il faut remarquer, d'une part, que les décrets sur la censure réclamés et obtenus en 1850 et 1852 par M. Baroche, à l'effet de porter remède au désordre des théâtres, ont fait purement et simplement revivre la loi de 1835; et que, d'un autre côté, le décret de 1864 n'a fait également que viser cette même loi de 1835, en ce qui concerne la censure théâtrale.

Pour bien apprécier cette grave question, on ne saurait donc mieux faire que de remonter aux discussions remplies d'intérêt qui eurent lieu à ce sujet à la Chambre des députés dans le cours de l'année 1835.

Il y a *trente-deux ans de cela!* Eh bien! pas une des idées émises alors n'a vieilli. Le discours de M. Charlemagne est encore le meilleur plaidoyer qu'on ait fait en faveur de la censure répressive; de même que la réplique de M. Thiers, alors ministre de l'intérieur, reste l'argumentation la plus concluante qu'on puisse invoquer pour le maintien de la censure préalable.

Nous croyons devoir mettre sous les yeux de nos lecteurs, non l'analyse, mais le texte même de ces discours. Ils font partie de l'histoire du théâtre en France, et composent une série de documents importants, probablement peu connus de la génération nouvelle.

La séance (30 août 1835) était présidée par M. DUPIN. Les orateurs inscrits pour parler pour ou contre le titre IV, relatif aux théâtres, étaient MM. LIADIÈRES, de LAMARTINE, CHARLEMAGNE et LHERBETTE. M. THIERS était chargé de soutenir le projet de loi. Donnons d'abord le texte de ce fameux titre IV :

8

Titre IV. — *Des théâtres et des pièces de théâtre.*

Art. 21. — Il ne pourra être établi soit à Paris, soit dans les départements, aucun théâtre ni spectacle, de quelque nature qu'ils soient, sans l'autorisation préalable du ministre de l'intérieur à Paris et des préfets dans les départements. (*Cet article a été supprimé par le décret de* 1864.)

La même autorisation sera exigée pour les pièces qui y seront représentées... (*Article maintenu par le décret de* 1864.)

Toute contravention au présent article sera puni par les tribunaux correctionnels d'un emprisonnement d'un mois à un an, et d'une amende de mille francs à cinq mille francs, sans préjudice, contre les contrevenants, des poursuites auxquelles pourront donner lieu les pièces représentées.

Art. 22. — L'autorité pourra toujours, pour des motifs d'ordre public, suspendre la représentation d'une pièce et même ordonner la clôture provisoire du théâtre...

Art. 23. — Il sera pourvu, par un règlement d'administration publique qui sera converti en loi dans la session de 1837, au mode d'exécution des dispositions précédentes, qui n'en demeurent pas moins exécutoires à compter de la promulgation de la présente loi.

C'est sur le second paragraphe de l'article 21 qu'a porté, pour ainsi dire exclusivement, la discussion que voici :

M. Liadières. — Il s'agit, Messieurs, de rétablir la censure dramatique; c'est une question grave. Je ne veux poser que quelques principes; je serai court, j'en ai l'habitude, et je ne manquerai pas à mes précédents.

Voici, Messieurs, un article sur lequel, je l'espère, nous serons tous à peu près d'accord. Grâces au ciel, la pudeur et la morale ont la même opinion politique. Dès que, par l'adoption d'un précédent article, nous venons à faire disparaître aux regards de ces gravures obscènes, ces abjectes lithographies si bien stigmatisées par la double éloquence d'un illustre poëte et de l'honorable rapporteur de la Commission, il ne faut pas que nos théâtres voient se reproduire vivantes, les obscénités bannies de nos rues, il ne faut pas que la scène française demeure le réceptacle des immondices balayées de la place publique.

Et par là, Messieurs, vous rendrez un service immense, non pas seulement à la morale, mais au talent lui-même. Le prétendu génie de notre époque consiste en effet à tout braver, à tout enfreindre, à ne rien savoir et à tout dire. Vous savez si l'audace des novateurs a été grande; vous savez si, sur nos scènes diverses, la brutalité du langage s'est montrée digne de l'effronterie de la pensée. Par votre loi, vous forcerez la poésie dramatique moderne à modérer ce qu'elle appelle modestement les emportements du génie, à chercher l'intérêt du drame, non dans les faciles et galvaniques émotions de la Grève, mais dans l'étude approfondie du cœur humain; vous l'obligerez à réfléchir et à s'instruire. L'instruction, quoi qu'en disent les régénérateurs littéraires, n'est jamais un défaut. Nos grands maîtres étaient fort instruits et n'en rougissaient pas; ils pensaient avec raison qu'en littérature dramatique comme en toutes choses, il n'est jamais indifférent de savoir ce qu'on dit, de peindre ce qu'on observe, et de parler de ce qu'on sait.

Mais cette arme protectrice des mœurs publiques que vous livrez au ministère peut devenir mortelle pour les arts, s'il l'abandonne en de maladroites mains.

Il importe surtout, selon moi, de la dérober à la direction des bureaux ministériels. C'est de là que sortirent principalement, sous la Restauration, les dégoûts et les humiliations de la littérature dramatique. Aussi demandé-je (sans prétendre comparer en rien le présent au passé) qu'une commission de trois membres au moins, indépendante de toute action bureaucratique, examine les pièces, les juge, et soumette directement son avis au ministre. Ce rapport motivé et signé par eux, sera la pre_ mière garantie des auteurs. Je me réserve, dans certains cas particuliers, d'en indiquer une autre.

Comment doit être composée la Commission? Que doit-elle faire? Je vais essayer de le dire en peu de mots.

Je désire d'abord (et mon désir est, j'en suis sûr, dans la pensée du ministre) que les hommes de lettres qui feront partie de la commission ne se soient jamais occupés d'œuvres dramatiques. Cette précaution sem_ ble bizarre et n'est que prudente. Il ne faut pas que des rivalités de systèmes, de genres, de coteries, laissent planer le moindre soupçon sur l'impartialité du juge. Quelque honorable qu'on soit, il n'est pas toujours facile d'être rigoureusement juste envers certains talents contre lesquels on s'est heurté dans la même carrière. Cet inconvénient, je veux le prévenir; je veux que les auteurs ne puissent jamais être victimes du désaccord triste, mais réel, qui règne souvent entre la plupart des hommes qui se vouent aux mêmes travaux. Ce n'est pas nous, au reste, Messieurs, que ce désaccord doit étonner ; nous savons par une expérience de chaque jour que les hommes de lettres ne sont pas les seuls qui ne s'entendent pas.

Maintenant, de quelle manière doit procéder la commission ?

Elle doit examiner l'ensemble, le caractère, le but de l'ouvrage, se demander si les enseignements qu'il donne, si les exemples qu'il propage ne sont pas susceptibles de porter une grave atteinte à l'ordre social, si le spectateur, en quittant le théâtre, n'emportera point chez lui des pensées de découragement, de désordre ou d'immoralité. Mais qu'elle se garde bien de faire aux mots une guerre monstrueuse, de s'acharner ridiculement sur les détails, d'émousser le trait d'une piquante saillie ! Ce serait s'en prendre avec maladresse à l'esprit de l'auteur, lorsqu'on ne doit poursuivre que l'immoralité de l'ouvrage. Les censeurs de la Restauration firent trop souvent reposer leurs décisions sur d'ombrageuses et mesquines susceptibilités. En voulez-vous un exemple ? Je vais le puiser dans une comédie célèbre dont chaque scène commande le respect de ce qui devrait être le plus sacré parmi nous, la vieillesse et le lien conjugal, c'est *l'École des Vieillards*. Eh bien, la représentation en fut défendue..... Savez-vous pourquoi ? Vous allez frémir !... C'est que, dans je ne sais quelle scène, se trouvait ce vers, ce vers inexcusable, séditieux, atroce, du célibataire Bonard à son ami :

A tirer des perdreaux tu bornais ton mérite.

On vit dans ce vers une sanglante allusion à d'augustes habitudes ; et l'auteur, sous le poids de ce crime énorme, eut besoin pour faire jouer sa comédie, de plus de talent diplomatique qu'il n'avait mis de talent poétique à la composer.

Censurer ainsi, Messieurs, c'est décolorer, c'est amoindrir, c'est détruire l'œuvre du poëte ; c'est le poursuivre dans son intelligence, dans ce qui le spécialise, dans ce qui est lui, l'expression originale de sa pensée : c'est tuer la gaieté, l'enjouement ; l'enjouement ! qui fait disparaître sous son prestige l'immoralité même de la pensée dramatique, qui nous en distrait au lieu de nous y attacher, qui fait du *Légataire universel* la pièce la plus follement intéressante de la scène française : de telle sorte que le spectateur, étouffant de rire, n'a pas le temps de songer que les personnages dont il s'amuse tant ne devraient sortir de là que pour aller répondre de leurs méfaits sur les bancs de la cour d'assises.

Ce dernier exemple, Messieurs, où la gaieté de la forme emporte évidemment avec elle l'immoralité du fond, vous prouve encore combien sera difficile la tâche de la commission chargée de l'examen des pièces de théâtre. Je n'en connais pas, quant à moi, de plus délicate ; et Louis XVIII, qui aimait l'art dramatique, et qui savait apprécier tout ce qu'il fallait aux censeurs de tact, d'impartialité, de discernement, de conscience, disait sérieusement un jour à l'un de ses ministres : « Vos censeurs font crier ; tant mieux pour vous, car s'il se passe jamais huit jours sans qu'on se plaigne de l'un d'entre eux, prenez-en votre parti, je l'appelle dans mes conseils, et je le mets à votre place. »

Je borne là mes réflexions ; j'attendrai le règlement administratif qui nous est annoncé par le dernier paragraphe de l'article 21, mais je me réserverai toujours de réclamer contre les atteintes trop fortes qui seraient portées à la plus belle, à la plus noble des propriétés, la propriété de l'intelligence.

M. DE LAMARTINE. — Messieurs, le caractère de toutes les lois de circonstance et de tyrannie, c'est la précipitation, c'est l'irréflexion, c'est de dépasser leur but. Qu'a-t-on besoin de mesure quand on confisque tout ? Ce que nous faisons depuis quinze jours en est la preuve : ainsi, nous voulions réformer la presse et nous violons le jury ; nous dénaturons un de nos grands corps politiques, nous détruisons le gouvernement représentatif dans sa sincérité. Nous faisons plus, messieurs ; nous forçons la presse à se concentrer, à s'unir, à se discipliner en deux camps, un pour le pouvoir, un pour une seule opposition. Nous rétablissons cette situation violente de la Restauration, où il n'y avait que deux opinions : d'un côté, la presse soldée, et par là même sans crédit ; de l'autre, la presse opposante d'une seule couleur, d'un seul langage, d'un seul mot d'ordre, d'une seule passion ; et nous empêchons, ainsi systématiques, la réalisation de ce beau phénomène social qui s'opère toujours après les grandes révolutions, phénomène par lequel des hommes jeunes et nouveaux, sans haine, sans amour, sans parti pris dans le passé, se rallient sous un drapeau de réconciliation et de progrès pacifique, adoptant des révolutions le bien obtenu, sans adopter les crimes ou les malheurs qu'elles ont coûtés, amortissent les ressentiments, soulèvent des questions nouvelles, et créent ainsi le terrain neutre où les vieux partis se rencontrent sans se combattre, et peuvent se donner la main sans avoir d'amour-propre à sacrifier. Car, ne l'oubliez pas, messieurs, les partis ne se réconcilient jamais sur le terrain des idées où ils se sont combattus. Voilà ce que nous avons fait pour la presse, ferons-nous ainsi pour le théâtre ?

Tout le monde est d'accord du mal. Je vous l'ai dit moi-même, la société ne peut pas impunément souffrir que le cauchemar du premier venu aille souiller l'imagination de tout un peuple de la contagion de ses débauches de cœur ou d'esprit. Le théâtre mérite les reproches que nous avons fermement adressés à une partie de la presse. Il a manqué à sa mission ; il s'est prostitué à l'or et aux bas instincts de la population ; il s'est fait le mauvais lieu des imaginations! De maître il s'est fait esclave, il a été le coupable adulateur du peuple, comme la presse s'est fait souvent adulatrice des passions. Ne fermons pas les yeux : les contagions morales sont aussi évidentes que les contagions physiques ; il sort tous les soirs du vice, du délire, du crime, de vos théâtres : il y faut porter remède. C'est ici qu'il ne faut pas s'arrêter devant la lettre d'une charte. La charte des chartes, c'est la morale, c'est celle que Dieu a écrite dans le cœur de l'homme. Quant à moi, je ne consentirai jamais à enfermer ma raison dans la lettre d'un pacte écrit de main d'homme. Notre charte à nous, c'est la souveraineté de l'intelligence et de la raison publique. Honte à un peuple qui abandonnerait ainsi ses mœurs, la chasteté des femmes, l'âme de ses enfants ! Cependant la justice répressive ne peut s'appliquer aux délits des théâtres, parce que ces délits sont toujours des délits de tendance, et que des délits de tendance échappent nécessairement à l'appréciation et à la pénalité; mais le remède présenté par la loi est-il celui que le temps et la nature de nos institutions réclament?

Non, messieurs, la loi remet toute la censure au ministre de l'intérieur, à Paris, et au préfet, dans les départements. Cette disposition a des inconvénients de plusieurs natures : elle compromet le gouvernement, elle compromet la dignité et la liberté du théâtre et de l'écrivain. L'étranger, la nation, les différents partis s'en prendront sans cesse au gouvernement des permissions qu'il aura données. Vous aurez des pièces interdites par voie diplomatique, et des pièces demandées avec fureur et sédition par voie de factions. Vous aurez des émeutes théâtrales, comme vous en avez eu si souvent ensanglantant le seuil de vos théâtres. L'écrivain lui-même, messieurs, n'aura pas pour ses compositions la liberté d'invention et d'esprit suffisantes; il n'écrira qu'avec incertitude et préoccupation, en voyant toujours l'ombre de la police sur son génie, et le fruit de son travail aboutir à une interdiction sans appel. Et d'ailleurs, est-il digne de nous, est-il libre, est-il moral qu'une grande nation par les lettres et par les mœurs, remette à la merci d'un commis ses mœurs, sa gloire et son génie?

Non, messieurs, il faut une censure ; mais cette censure doit être libre, éclairée, indépendante ; elle doit être à la fois la garantie de l'écrivain et la garantie de la société.

Je proposerai donc à la chambre de concéder la censure telle que le gouvernement la lui demande, jusqu'à la session prochaine seulement ; et le gouvernement nous présenterait alors le projet d'une censure légale, que nous discuterions avec la liberté d'esprit nécessaire à un si grave sujet.

Si la chambre était moins impatiente, je proposerais moi-même un amendement ainsi conçu :

« Il sera formé à Paris un comité de censure morale pris dans un jury spécial. Le jury spécial se composerait de dix membres de la chambre des pairs, dix membres de la chambre des députés, dix membres du conseil général du département, dix membres du conseil d'arrondissement, dix membres du conseil municipal, dix membres de chacune des sections de l'Institut, dix membres de l'Université, dix membres de la commission des auteurs dramatiques.

» On tirera de ce jury, par la voie du sort, le comité de censure morale renouvelable tous les cinq ans et composé de vingt censeurs.

» Aucune pièce nouvelle ne pourra être représentée sans l'approbation de ce comité.

» Un membre de la commission des auteurs dramatiques aura le droit de comparaître en personne ou au nom de ses cosociétaires, pour recevoir et donner des explications.

» Le gouvernement, pour raison de haute police, aura le droit de suspendre les représentations théâtrales ; mais l'auteur pourra appeler de cette suspension au comité de censure morale, qui jugera en appel. »

Ces dispositions, ou des dispositions à peu près analogues, messieurs, me semblent de nature à concilier ce que le législateur doit aux mœurs et ce qu'il doit à la liberté humaine et à la dignité des lettres. Les auteurs s'en plaindront peut-être ; le gouvernement s'en plaindra de son côté. La société y applaudira.

Nous n'avons que trop sacrifié à la nécessité dans cette courte et pénible session. Arrêtons-nous, messieurs ! La liberté politique est perdue : sauvons au moins la liberté des lettres. Ne permettons pas qu'avec la liberté de la presse, cette faculté presque divine, puisqu'elle multiplie la pensée et la parole, ces deux plus beaux dons de Dieu, cette faculté qui a élevé le niveau de l'intelligence populaire, toutes nos autres facultés de publicité soient traînées ainsi sans défense, sans garanties, en accusation devant nous et immolées sans discussion, comme d'infâmes complices, entre le crime et l'échafaud d'un scélérat.

M. Charlemagne. — Vous voulez, d'une part, empêcher que les représentations théâtrales, par des allusions politiques, par des maximes séditieuses, ne viennent exciter le désordre dans le sein de la société. Vous voulez aussi purger le théâtre du débordement des excès de tout genre qui le défigurent.

Ainsi donc, messieurs, vous vous proposez un double but, un but politique et un but moral, et sans doute vous attachez à l'un et à l'autre la même importance. Eh bien, la censure préalable n'atteindra jamais ce double but.

On vous demande de confier à Paris au ministre de l'intérieur, aux préfets dans les départements, le soin de permettre ou de refuser la représentation des nouveautés dramatiques. On suppose sans doute que cette permission ou ce refus n'aura lieu qu'après un examen préalable. A qui cet examen sera-t-il confié ? Laissons de côté les départements ; on sait fort bien que sous le rapport littéraire et surtout sous le rapport dramatique, ils ne figurent ici que pour mémoire ; occupons-nous donc de la capitale. Cet examen ne restera pas sans doute confié personnellement au ministre de l'intérieur ; vous ne voulez pas distraire le ministre des soins importants qui réclament toute son attention, pour le condamner à lire la multitude prodigieuse des nouveautés dramatiques. Le ministre de l'intérieur repoussera lui-même ce présent, et il ne consentira jamais à abandonner le budget ou le contentieux des communes pour s'occuper dans le cabinet à méditer sur la querelle d'Agamemnon ou le monologue de Figaro. Il faudra donc créer une commission de censure. Eh bien ! je me demande comment ce comité sera composé ; et c'est là, je vous l'avoue, ce qui m'inquiète. Abandonnera-t-on le soin d'examiner les nouveautés dramatiques aux employés du ministère de l'intérieur ? Alors vous aurez une censure politique, cela est vrai ; mais remarquez-le bien, une censure purement et uniquement politique. Ce n'est pas que j'accuse les intentions des employés auxquels cet examen sera confié ; mais qu'on me permette une réflexion : c'est que généralement nous apportons dans les travaux qui nous sont confiés une certaine préoccupation qui résulte de nos habitudes de tous les jours. Confiez l'examen d'une œuvre littéraire quelconque à un jurisconsulte, il y cherchera des points de droit ; confiez cette œuvre à un homme politique, il envisagera cette œuvre littéraire uniquement sous le rapport politique.

Ajoutez à cela un autre inconvénient, qui résultera nécessairement de l'idée qu'auront continuellement dans l'esprit les employés chargés de cet examen, de leur responsabilité morale. Qu'il leur échappe une allusion politique, que le public s'en empare, qui en sera responsable envers le ministre? Ce ne sera pas le public, mais bien les employés. De là, dans leurs fonctions et à leur insu même, une sévérité, une rigueur, un esprit ombrageux et méticuleux qui serait bientôt la ruine de l'art. Oui, je suis convaincu qu'en présence d'une commission de censure théâtrale ainsi composée, tout le génie de Corneille lui-même ne trouverait pas grâce pour la scène dans laquelle Maxime et Cinna discutent les inconvénients et les avantages des gouvernements monarchique et populaire.

Et voulez-vous la preuve, par des faits, de la vérité de ce que j'avance? La preuve qu'une censure administrative ne sera jamais qu'une censure politique, et non pas une censure morale, c'est ce qui se passe depuis cinq ans : ce droit existe déjà ; il n'est pas nouveau, il est puisé dans les décrets impériaux, et notamment dans celui du mois de juin 1806 ; il a été reconnu par les tribunaux.

La censure administrative existe donc ; elle s'exerce tous les jours, personne ne le niera. Sans contredit, plusieurs pièces ont été interdites, soit avant, soit après la première représentation.

Eh bien, messieurs, qu'avons-nous vu sous l'empire de cette censure, et dans quel temps le théâtre a-t-il été livré à de plus honteux excès? Qu'y voyons-nous tous les jours? Le vice en théorie et le vice en pratique ; le crime tantôt triomphant, tantôt abattu, mais toujours brillant, toujours environné d'une sorte d'auréole poétique.

Voilà, messieurs, ce qui s'est passé, ce qui se passe tous les jours sous les yeux de cette censure administrative ; et par le présent jugez de l'avenir. Encore aujourd'hui, ces jours derniers, n'a-t-on pas entendu, sur le premier théâtre de la capitale et du royaume, faire l'apologie du suicide?

L'apologie du suicide, messieurs! dans le temps où nous vivons, et lorsque nous trouvons tous les jours dans les feuilles publiques des exemples si fréquents de cette déplorable manie qui semble devenir une épidémie morale : lorsque tous les jours, sous le plus léger prétexte, pour quelque échec d'amour-propre, pour un caprice, des insensés non-seulement tournent contre eux-mêmes une main criminelle, mais même consentent à prêter leur fatal secours à des furieux de leur espèce !

Encore une fois, jugeons de l'avenir par le passé, par le présent, et repoussons la censure administrative.

Composerez-vous votre comité de censure de gens de lettres ? Je rappellerai ici ce qu'on vient de dire : vous aurez soin d'en écarter précisément messieurs les auteurs dramatiques ; car il serait contraire à l'équité de faire juger les auteurs par leurs émules, par leurs rivaux ; il faudrait même en exclure non-seulement les auteurs, mais encore leurs amis et les amis de leurs amis.

Mais, de toutes les républiques, sans contredit, celle qui est la plus déchirée par les coteries, par les partis, c'est la république des lettres, et pour ne parler que des deux grandes fractions qui se la partagent aujourd'hui, composerez-vous votre comité de classiques ou de romantiques ? Si vous le composez de classiques, le romantique sera mis à l'index ; il en sera de même pour le classique si votre comité est composé de romantiques. Les premiers verront immoralité dans le mépris des trois unités ; les autres verront le renversement de l'Etat dans l'observation des règles d'Aristote ; et vous aurez alors une censure qui ne sera ni politique, ni morale, mais purement littéraire.

Que demandez-vous donc, me dira-t-on, et quel remède proposez-vous au mal qui dévore aujourd'hui le théâtre ? Messieurs, un remède bien simple, mais contre lequel il s'est élevé tant de réclamations, tant de murmures, qu'en vérité je n'ose en parler : des mesures répressives. Je crois que je suis dans cette chambre presque le seul de mon opinion, et en vérité c'est là la grande raison qui m'a fait monter à la tribune. Aussi m'a-t-il fallu une profonde conviction qu'une loi répressive, faite avec toutes les précautions convenables, serait le seul moyen de purger notre théâtre, pour que je sois venu vous en faire aujourd'hui la proposition.

Qu'il me soit permis d'examiner rapidement les objections que j'ai entendu faire contre les mesures répressives appliquées à la matière qui nous occupe. Elles peuvent, je crois, se réduire à trois points :

Premier grief. On vous dit : Les mesures répressives sont très-rigoureuses ; la moindre peine qu'on puisse prononcer, c'est l'interdiction d'une pièce de théâtre ; or, par là, vous ruinez les établissements dramatiques.

Second grief. La répression viendra quand le mal sera produit.

Troisième grief. A qui voulez-vous confier le jugement, l'appréciation des pièces ? Quel sera le magistrat chargé de la poursuite, et le vengeur de l'honnêteté publique ?

Je traiterai ces trois points séparément.

La répression, dit-on, ruinera les entrepreneurs de théâtres. On se fonde sur un argument assez spécieux. On dit : Aujourd'hui, les représentations théâtrales parlent bien plus aux yeux qu'à l'esprit ; on fait des frais de mise en scène considérables, exorbitants, qui, par eux-mêmes, ont amené quelquefois la ruine des entreprises théâtrales ; lorsque vous défendrez la représentation des pièces, les frais seront faits, et les directeurs seront ruinés.

Je réponds qu'il m'est difficile de comprendre cette objection en présence de l'article 21, soumis à votre approbation, et que vous allez discuter dans un instant.

Cet article accorde à l'administration le droit de fermer provisoirement et même définitivement un théâtre, sans décision des tribunaux, sans arrêt préalable. Des esprits ombrageux pourraient bien y voir une espèce de confiscation ; mais, dans tous les cas, on conviendra que c'est là un moyen facile, simple, complet, de ruiner entièrement et immédiatement une entreprise théâtrale, et qu'en comparaison, une loi répressive sera toujours une mesure fort douce, quelque sévères qu'en puissent être les dispositions.

Ajoutez à cela que dans le courant de ces dernières années plusieurs pièces ont été interdites, non pas seulement avant la première représentation, mais depuis, par conséquent lorsque tous les frais de la mise en scène avaient été faits. Cependant nous n'avons pas vu que de pareilles mesures aient causé la ruine d'un entrepreneur.

Remarquez, d'ailleurs, messieurs, que ceux qui présentent cette objection supposent à tort, sans doute, qu'un directeur s'exposera, non pas une, deux, ni trois fois seulement, mais dix ou douze fois de suite à être condamné par les tribunaux ; mais les directeurs seront assez avertis par leur intérêt particulier, et si un directeur de spectacle pouvait pousser jusque-là l'audace et la témérité, on devrait se féliciter de la ruine de son établissement.

Je vois même ici un grand avantage des mesures répressives, c'est qu'une mesure répressive aura bien plus de force que tout ce que vous promettez de la censure, et n'a pas ses inconvénients. En voici le motif : c'est que les directeurs, qui déjà par eux-mêmes sont habitués à apprécier l'impression morale que les pièces de théâtre peuvent produire sur le public, seront eux-mêmes les censeurs de ces pièces. Leur censure sera plus efficace que celle d'une commission, de quelque manière que vous la composiez ; et en réalité, une loi agira comme mesure comminatoire et par conséquent préventive.

Je me hâte de passer à la seconde objection.

On a dit que le mal serait produit lorsque la répression arriverait.

L'inconvénient existerait en effet, si les représentations continuaient ; mais si les représentations sont suspendues pendant les poursuites, jusqu'au jugement, cet inconvénient disparaît.

On peut dire dans la loi que le magistrat aura toujours le permis de suspendre provisoirement les représentations théâtrales immédiatement après la première.

L'inconvénient serait donc fort léger. Les impressions morales portant sur une première représentation sont très-peu redoutables. Vous connaissez le public des premières représentations. Ce public ne vient pas au théâtre pour y chercher des impressions, mais plutôt pour soutenir la pièce et la faire réussir.

C'est aujourd'hui une profession tout comme une autre. Eh bien ! les impressions politiques et morales résultant d'une première représentation, glisseront sur ce public blasé, cuirassé, et dont l'éducation morale et politique, bonne ou mauvaise, est faite depuis longtemps. Mais quel tribunal appliquerait la répression ? C'est là la grande difficulté. Je ne proposerai pas les tribunaux ordinaires. Les occupations des jurisconsultes, il faut le dire, les privent des lumières nécessaires pour exercer une mission si délicate. Je proposerai encore moins le jury ordinaire, non pas que quelquefois le hasard ne puisse réunir douze hommes capables d'apprécier le mérite d'une pièce de théâtre, mais parce que le législateur serait insensé s'il comptait sur le hasard.

Je voudrais, et un honorable collègue a déjà émis cette idée, je voudrais un jury spécial comme chez les Anglais, qui appliquent un jury spécial à certains délits de la presse. Il est vrai que cette institution, chez nos voisins, est tombée dans des abus intolérables, au point même que l'on paye ces jurés. Mais en écartant ces abus, on pourrait profiter de l'idée première qui a présidé à cette institution ; on pourrait composer dans la capitale une liste de plusieurs centaines de personnes qui, par leur caractère, leur profession, présenteraient toutes les garanties nécessaires : ce seraient, comme on l'a dit, les membres des cinq académies, des universités, les professeurs des diverses facultés. Croyez-vous que de pareils noms ne devraient pas inspirer toute confiance et toute sécurité ? Je n'en ferai pas maintenant l'objet d'un amendement : la circonstance serait sans doute mal choisie ; il faut d'ailleurs se défier des législations improvisées, mais j'ai cru devoir émettre cette opinion, dans l'espérance qu'elle tombera dans des mains plus habiles qui la féconderont et sauront en tirer parti, et que, d'ailleurs, l'expérience que vous allez faire de la censure ne tardera pas à vous en dégoûter profondément.

M. Étienne. — J'ai eu l'honneur de faire partie, après la révolution de 1830, d'une commission qui avait été instituée par M. le ministre de l'intérieur, pour préparer un projet de loi sur la répression des ouvrages dramatiques. Cette commission s'est longtemps assemblée; elle a élaboré ce travail qui lui a paru avoir des difficultés presque insurmontables. Quelque bienveillant que fût son projet, quelque modéré qu'en fût le but, il a effrayé, je dois le dire, les auteurs dramatiques et les directeurs de spectacles. Cependant, puisqu'il a été question de la censure, que les abus des théâtres ont malheureusement rendue nécessaire, je craindrais que nous ne passassions d'un extrême à un autre, que nous ne tombassions de la licence dans l'arbitraire, qui pourrait peut-être protéger la société, mais aussi décourager l'art.

La censure a été exercée tour à tour par la police générale, par les bureaux de l'intérieur, par les gentilshommes de la Restauration, par les chambellans de l'Empire, et toujours elle a été tracassière et vexatoire. Sous la Restauration, ce n'étaient pas les ouvrages eux-mêmes qu'elle atteignait, c'étaient les travers, les ridicules des hommes du jour qui étaient traduits sur la scène, ce qui a fait peindre des mœurs fausses et mauvaises, parce qu'on ne pouvait en peindre de vraies.

La question des théâtres, messieurs, n'est pas seulement une question industrielle, c'est une de nos gloires littéraires. Je pense donc que la loi peut intervenir dans une question si importante, et, en conséquence, je proposerai un amendement qui me semble devoir terminer toutes ces difficultés. Il est dit à l'article 21 : « Il sera pourvu par un règlement d'administration publique à l'exécution des dispositions précédentes. » Je proposerai de dire : « Il sera pourvu... par un règlement d'administration publique qui sera converti en loi à la prochaine session. » (*Cette proposition de M. Étienne fut acceptée*).

M. le ministre de l'intérieur. — Je souhaiterais vivement que le système répressif fût le système praticable en cette matière. Il n'y a rien de plus difficile que de régler cette matière ; mais enfin, depuis cinq ans qu'on s'en occupe, il faut dire franchement la vérité, on n'a rien trouvé autre que l'autorisation préalable.

Après avoir examiné la question sous toutes les faces, on est arrivé à une loi répressive qu'on avait rendue douce autant que possible, et qui cependant a paru aux auteurs et aux directeurs être d'une sévérité excessive. En effet, en cette matière, avec une répression, on arrivera toujours après le mal déjà fait. Cette répression, pour qu'elle soit tant soit peu rassurante, paraîtra excessive, insupportable aux auteurs et aux directeurs.

Il faut dire la vérité : quelque long que soit l'examen, il aboutira à l'autorisation préalable du gouvernement. Voilà mon intime conviction. Si je croyais qu'un autre moyen fût possible, je me serais hâté de le proposer; je me serais hâté de proposer une mesure provisoire qui donnât pour aujourd'hui la sécurité jusqu'au moment où une loi serait devenue possible.

Dans ma conviction, j'en suis sûr, c'est celle de tous les hommes éclairés, c'est à l'autorisation préalable qu'il faut arriver, c'est à la censure, puisqu'il faut l'appeler par son nom. La censure est la seule chose possible.

Dans ma plus profonde conviction, la censure, je le déclare, n'est pas moins fondée en droit. Lorsque le gouvernement abandonne un certain espace dans lequel il donne au public la permission de se réunir en certaines occasions, le gouvernement doit en faire la police suprême ; il ne l'a pas, s'il ne peut empêcher le spectacle.

Voyez donc la distinction. La loi permet avec raison de publier tous les matins des opinions sur les affaires politiques. La loi ne fait là que ce que la charte a voulu. La charte n'a voulu que ce qui est dans nos mœurs, dans notre esprit, dans les formes du gouvernement représentatif. Mais tout en permettant aux journaux d'exprimer tous les matins leur opinion, permettrez-vous d'aller dans les lieux publics, en présence d'une nombreuse assemblée, proférer les discours, les opinions exprimées dans les journaux? Ce serait la chose du monde la plus dangereuse.

Toutes les fois qu'on passe de la parole écrite à la parole parlée, il faut qu'une législation nouvelle commence. L'autorisation du gouvernement devient indispensable ; ce n'est plus la parole qui a des dangers, c'est l'action qu'il est impossible de réprimer.

Vous avez vu quelquefois des salles de spectacle où éclate un trouble quelconque. Vous avez vu des perturbateurs tenir pendant plus de deux heures dans un parterre. C'est qu'il était impossible d'y pénétrer, et qu'il eût été cruel de le faire évacuer à la baïonnette ou de tirer sur ceux qui se trouvaient dedans.

Je ne sais pas de moyen en semblable occurrence d'empêcher des perturbations autrement que par ce qu'on appelle la censure.

Maintenant, y a-t-il moyen d'organiser la censure par une loi ? Je n'en sais rien. Quel sera le mode des règlements publics? De quelle manière s'y prendra-t-on pour lire préalablement les ouvrages? Si vous déclarez qu'une commission sera instituée de telle ou telle manière, vous créez un tribunal au-dessus du ministre, vous déclarez le ministre justiciable des décisions de la commission en question.

Car véritablement, je vous le demande, messieurs, comprenez-vous en matière littéraire plutôt qu'en matière civile, une justice consultative? Si vous avez un but avouable, c'est d'avoir auprès du ministre une justice franche, loyale, en faveur des gens de lettres; si vous voulez tous ces caractères à cette justice, n'est-il pas illusoire, je dirai presque ridicule, de créer une justice consultative; c'est comme si vous donniez au garde des sceaux le droit de réformer les jugements des tribunaux. Il faut choisir entre deux systèmes : ou adopter le système de l'autorisation préalable, ou le système de la répression.

Eh bien, je crois que de quelque manière que vous vous y preniez, car il ne faut pas cacher par des mots ou par de vaines espérances une chose que la raison publique vous force de reconnaître, je crois que vous ne pouvez éviter de décider qu'en matière de théâtre il faut la censure préalable.

Messieurs, je ne puis m'empêcher de dire quelques mots en faveur de l'article.

Je supplie tous les députés qui m'entendent de faire une observation bien simple : en s'opposant à la censure, on paraît défendre les intérêts de l'art, comme si c'était la censure qui s'était opposée au développement de l'art. Je vous le demande, messieurs, nous avons eu deux époques, une de censure sous la Restauration, et une de liberté presque absolue, car la loi que nous avions dans nos mains était presque impuissante.

Nous avons eu une époque de censure et une de liberté; eh bien, consultez vos souvenirs et l'opinion publique : a-t-il paru depuis cinq ans des chefs-d'œuvre, et vous voyez que je me sers d'une expression qui ne peut blesser aucun des talents consacrés au théâtre, a-t-il paru des ouvrages supérieurs à ceux que la Restauration a vus naître, à ceux qui ont paru de 1815 à 1830? Là est la question. Il est évident que la liberté, la licence et la censure, tout cela n'intéresse pas l'art. Après tout, les plus beaux chefs-d'œuvre, ceux qui sont la gloire de la nation, n'ont pas paru dans un temps où l'art fût libre. Je crois même que la licence tue le talent. Je suis convaincu, avec beaucoup de gens de lettres fort éclairés de ce temps-ci, que lorsque le talent se permet tout sous le rapport moral, il se permet tout aussi sous le rapport littéraire ; il méprise la langue, les règles de l'art, et se livre à tous les désordres auxquels vous l'aviez vu s'abandonner.

Je ne veux pas transformer cette assemblée en académie ; mais je puis lui dire qu'à mon avis, dans ma conviction, cette licence a singulièrement nui à la longue, au beau langage français qu'aujourd'hui nous cherchons en vain.

Je suis convaincu que lorsqu'on est obligé de se soumettre à des règles quelles qu'elles soient, on travaille davantage.

L'horreur des règles n'est autre chose que le désir de faire vite, de profiter vite de son travail ; et on appelle cela l'industrie littéraire, voilà la vérité.

Par conséquent, je suis sincèrement convaincu que vous ne gênerez pas l'art, et que vous ne nuirez pas à la gloire de la nation. En nous donnant une loi réelle, non contestée, vous nous fournirez les moyens d'éviter, non pas tous les inconvénients, mais beaucoup de difficultés ; j'ai toujours tâché d'opposer la plus grande bienveillance, la plus grande amicalité, permettez-moi le mot, avec les gens de lettres quand j'ai eu à traiter avec eux. Eh bien, je n'ai pas réussi à empêcher que beaucoup d'entre eux ne conçussent de l'humeur. Je suis homme de lettres, Messieurs, et je suis très-disposé à comprendre et à pardonner cette humeur.

Assurément quelque douce que soit l'administration à l'égard des gens de lettres, ils se plaindront souvent d'un vers, d'un hémistiche retranché ; je sais combien ils sont sensibles à cela, mais de quelque manière que se compose un tribunal de censure, je ne conçois pas qu'il puisse leur éviter ce désagrément.

C'est à choisir entre le désagrément de déplaire à quelques hommes de lettres auxquels on interdira le désordre affligeant, scandaleux, non-seulement pour la société, mais pour la littérature elle-même, dont vous êtes tous les jours témoins.

On ajoute que je suis le grand coupable, que j'avais une suite de lois bien positives, bien expresses et bien sévères, et j'aurais dû m'en servir.

A cela je ne ferai qu'une réponse, c'est qu'on se sert d'une loi non contestée, mais qu'on est impuissant à se servir d'une loi contestée.

Voici la position où je me suis trouvé l'année dernière. Frappé du scandale qui avait lieu, j'ai fait signifier aux directeurs de spectacle, et non pas aux auteurs, avec lesquels je ne dois pas entrer en rapport, qu'ils auraient à soumettre préalablement leurs ouvrages à l'administration. On s'est révolté, et tous les gens de lettres ont déclaré qu'ils ne voulaient pas être soumis à cette censure.

Les directeurs se sont adressés à moi et m'ont déclaré que si j'exigeais le dépôt préalable des pièces, aucun des auteurs ne voudrait se soumettre à cette formalité, et qu'alors ils n'auraient plus de pièces nouvelles. Ils ont consenti, non pas à ce que je visse les pièces avant la mise en scène, mais au moment de la première représentation, après les frais de la mise en scène.

Voilà ce qui est arrivé : après la mise en scène, après les frais de décoration et de costumes, je me suis aperçu plusieurs fois que les pièces présentaient quelques dangers. Qu'ai-je dû faire alors ? Il m'est arrivé d'appeler un directeur et de lui dire qu'il fallait renoncer à la pièce ; je ne faisais que lui imposer par là l'une des conditions du marché que les directeurs eux-mêmes avaient voulu subir. Mais alors je me suis trouvé non plus en présence de la susceptibilité des auteurs, mais en présence de l'intérêt des directeurs, qui me disaient : Vous allez nous obliger à faire faillite. Et en effet, une mise en scène peut coûter depuis 10,000 jusqu'à 100 et même 150,000 francs, s'il s'agit de l'Opéra. Eh bien alors, pour ne pas amener la ruine d'industries qui m'inspiraient un intérêt naturel, je tolérais la pièce.

Je n'ai été ni arbitraire ni violent pour les directeurs. Si vous avez vu plus de scandale qu'il n'aurait dû y en avoir avec des lois aussi fortes que celles que nous avions sur les théâtres, c'est que, par la résistance des auteurs à l'exécution d'une loi qui était incertaine, j'ai été renvoyé des auteurs aux directeurs ; et vis-à-vis des directeurs, je me suis trouvé en présence de faillites que je craignais d'amener.

Au contraire, aujourd'hui, quand j'aurai une loi qui ne sera pas contestée, une loi que vous aurez votée et à laquelle personne ne pourra résister, je pourrai la faire exécuter. Sans doute je n'arriverai pas à changer l'esprit du temps, je ne ferai pas la guerre à tel ou tel genre ; mais au moins je pourrai faire que les spectacles ne soient plus ni aussi scandaleux, ni aussi désolants pour la France...

Après cette mémorable discussion, la censure préalable fut votée : seulement les prescriptions du dernier paragraphe, adopté sur la proposition de M. Étienne, ne furent jamais observées. L'année 1837 se passa et les années suivantes s'écoulèrent sans qu'un règlement concernant la censure fût présenté pour être converti en loi. Cette loi est encore à faire.

A la suite de la révolution de février 1848, il y eut une nouvelle et courte période de liberté théâtrale. La discussion de la censure fut alors remise à l'ordre du jour. Voici dans quelles circonstances :

En 1849, une commission fut nommée au conseil d'État pour préparer une loi sur les théâtres. Cette commission avait été chargée, par la section de législation, de recueillir tous les documents qui pouvaient l'aider dans son travail.

On commença par faire appel à l'expérience des personnes que leurs études ou leur profession intéressaient particulièrement à l'existence, à la prospérité et à la dignité de l'art théâtral. Six séances furent consacrées à entendre trente et une personnes, parmi lesquelles on comptait cinq directeurs de théâtres, MM. Sevestre, Roqueplan, Montigny, Hostein, Dormeuil ; deux sociétaires de la Comédie-Française, MM. Regnier et Provost ; un maître de ballets, M. Coralli ; trois acteurs, MM. Arnault, Albert et Bocage ; un agent des auteurs, M. Dulong ; deux correspondants de théâtres, MM. Ferville et Duverger ; quatre critiques, MM. Jules Janin, Merle, Rolle et Théophile Gautier ; huit auteurs dramatiques, MM. Alexandre Dumas, Victor Hugo, Langlé, Lockroy, Bayard, Mélesville, Scribe et Souvestre ; un ancien inspecteur des théâtres, M. Delaforest ; un censeur, M. Florent ; de plus, M. Taylor, l'ami dévoué de l'art et des artistes, comme l'appelle fort justement M. Hallays-Dabot.

Aucune réglementation, aucune loi ne sortirent de l'enquête de 1849 ; mais le procès-verbal des séances qui eurent lieu alors est d'un intérêt aussi actuel que le compte rendu de 1835, reproduit plus haut.

Les directeurs de théâtres, consultés par la commission du

conseil d'État, semblent s'être arrêtés à peu près unanimement à l'idée de la censure répressive au lieu de la censure
préventive. Mais le débat est confus; les opinions sont dans
un état d'indécision et même d'obscurité qu'on n'aurait pas
dû attendre d'hommes spéciaux consultés sur une question
tout à fait usuelle pour eux. Seul, M. Nestor Roqueplan,
alors directeur de l'Opéra, émet des idées pratiques (1).

Les critiques sont plus précis. M. Jules Janin vote en
faveur de la censure préalable.

M. Rolle, absent, écrit à la commission qu'il vote dans
le sens de M. Jules Janin.

M. Merle combat la censure préalable.

M. Théophile Gautier formule une opinion empreinte des
vues élevées et de l'ampleur sereine et magistrale qui le
caractérisent. Il réclame la liberté absolue pour les auteurs
dramatiques.

Ceux-ci votent avec ensemble contre la censure préalable.

M. Scribe fait exception. Le spirituel, riche et influent
auteur réclame le frein de la censure préalable pour ses
confrères... et pour lui-même. Les auteurs semblent peu
touchés de cette abnégation de M. Scribe.

Enfin M. Émile Souvestre conclut de la manière suivante (il se trouve qu'après plus de dix-huit années écoulées, l'opinion de cet honnête écrivain est celle qui entre le
mieux dans la discussion actuelle):

« Je ne crois pas, dit M. Émile Souvestre, qu'il soit pos-

(1) Puisque j'ai la bonne fortune de nommer M. Nestor Roqueplan, je profi-
terai de l'occasion pour lui payer, sans l'acquitter, ma dette, déjà ancienne, d'a-
mitié. Oui, j'aime cette intelligence vive, alerte, toujours en avant du mouvement
et des idées; ce cœur, souvent éprouvé, et qui est resté sans morosité, sans fiel;
ce style élégant, tellement empreint d'atticisme, que même alors que l'argot du
jour semble l'envahir, il ne cesse pas un seul moment de sentir son gentilhomme;
enfin ce critique théâtral, le plus expérimenté et pourtant le plus jeune de tous,
qui possède l'art charmant de signaler au monde nerveux des théâtres ses fautes
ou ses écarts avec une indulgence toujours polie, souriante et délicate.

sible que le conseil d'État et, par suite, le législateur admettent la censure, s'ils admettent la liberté industrielle des théâtres. Il faudrait adopter, pour les théâtres, quelque chose d'analogue à ce qui existe maintenant pour les journaux... »

Le journal se prête mal à l'analogie que M. Souvestre en voulait faire avec le théâtre.

Qu'est-ce, en effet, que le journal?

Favorisé par les habitudes qu'il nous a données lui-même, le journal est devenu un organe de publicité tout spécial, et un organe de polémique souvent ardent.

Organe de publicité tout spécial, il pénètre au foyer tous les jours. Il n'attend pas le lecteur ; il le visite, il le surprend, il le poursuit. Il a le facile avantage d'apporter des opinions faites, de dispenser d'étude. Il parle sans rencontrer la contradiction immédiate et par conséquent la contradiction efficace. La réponse du lendemain est toujours tardive et s'adresse rarement au même lecteur. Il est la goutte d'eau qui pénètre avec profondeur, parce qu'elle tombe toujours au même point.

Organe de polémique, le journal est facilement passionné. Admettant toutes les plumes, il a des débutants que les imprudentes ardeurs de la jeunesse poussent aux idées extrêmes ; il a des vétérans que l'amour-propre et le souvenir de leur propre célébrité engagent à ne jamais changer. Les uns comme les autres aspirent plus à diriger l'opinion qu'à la refléter ; et qui aspire à diriger l'opinion est bien près de la fausser au gré de ses erreurs ou de ses haines. Derrière l'écrivain, l'homme politique surgit : ou il aspire au pouvoir ou il l'a quitté ; rien n'est âpre comme les aspirations de l'attente ou les déceptions de l'ambition. Sous le voile anonyme du gérant, on a promptement la tentation de tout dire.

Organe de publicité, organe de polémique, le journal peut aller d'autant plus loin qu'il obéit à deux mobiles qui

transigent rarement, l'intérêt et la passion. Ses hardiesses
mêmes lui conquièrent des partisans dans un pays qui se
fatigue promptement, même de la sécurité. Tout le sert
quand il attaque, la souplesse de la langue qu'il emploie, le
milieu dans lequel il parle. La langue française n'a-t-elle pas,
comme l'esprit de la nation elle-même, des ressources
pleines d'embûches? Ne permet-elle pas d'être plus agressif
en déguisant son arme, de porter le coup avec plus de profondeur en le rendant discret? Le milieu n'est-il pas prompt
à accueillir l'ironie, à acclamer le ridicule ? Et le ridicule tue
toujours plus sûrement que la violence.

Voilà le journal tel que nous le connaissons aujour-
d'hui (1).

Qu'y a-t-il de commun entre lui et le théâtre? Le théâtre
ne procède ni comme le journal ni comme le livre. On ne
peut le réglementer de la même façon.

Journaux et livres se lisent à l'écart, dans le silence, avec
la lenteur des yeux. L'œuvre dramatique, au contraire, parle
en même temps à tous. Elle agit par le geste, la mise en
scène, le dialogue. Elle frappe à la fois le regard et l'oreille;
elle pénètre, elle échauffe les imaginations. Son effet, bon ou
mauvais, n'est pas isolé: il est collectif et contagieux; il ne
couve pas; il éclate.

Si donc, même sous un régime de liberté, le gouvernement a partout le droit de réserver sa part de surveillance
et d'influence, dans son intérêt et dans l'intérêt de tous,
c'est à l'égard du théâtre que son intervention semble devoir
être le plus fermement maintenue.

De là l'indispensabilité d'une censure théâtrale.

Mais, définitivement, qui vaut le mieux, de la censure
préalable maintenue par le décret, ou bien de la censure ré-

(1) Exposé des motifs d'un projet de loi sur la presse, mars 1867.

pressive demandée, sollicitée par les auteurs, et réclamée par le parti de l'émancipation ?

C'est ce que nous allons examiner rapidement.

Ouvrons une fois encore le débat. Reprenons les meilleurs arguments des adversaires de la censure répressive :

« Vous qui voulez le système répressif, disent-ils, comment l'exercerez-vous ?

» En quoi consistera-t-il ?

» Les réclamants ne se sont jamais expliqués à cet égard. On a demandé l'abolition de la censure préalable, sans savoir au juste ce que signifiait et comportait la *répression* qu'on voulait lui substituer. Détruisons d'abord, nous aviserons après : tel est le programme habituel des révolutions, grandes ou petites.

» Supposons la censure préalable abolie ; l'auteur est libre de composer son œuvre comme il le veut ; le directeur peut la faire représenter comme il lui plaît. L'un et l'autre agissent sous leur unique responsabilité.

» La *responsabilité unique* ! Entendez-vous ce mot terrible sonner comme un glas funèbre à l'oreille des directeurs ?

» L'auteur n'aura pas les mêmes terreurs. Nous le savons : à tout événement l'amende, la prison, seraient pour lui des titres de gloire ou tout au moins de célébrité. Mais le directeur ! c'est un commerçant, il sera puni comme tel ; il peut être ruiné, et sa ruine n'a pas la moindre gloire pour compensation.

» On dira qu'il sera intéressé plus que personne à surveiller, à faire rectifier l'œuvre de l'auteur dramatique ; que son droit de contrôle grandit en proportion de sa responsabilité, et que par conséquent il ne pourra jamais être châtié qu'en raison de ses fautes volontaires, ce qui est juste.

» Mais pas du tout : cela est complétement injuste. Comment ! vous prétendez ériger un directeur en censeur souverain d'auteurs tels que MM. Augier, A. Dumas, Dumas fils, Sardou, etc. Il les critiquera, il les jugera, il leur imposera absolument ses opinions ou ses craintes sous le rapport de la politique, de la morale, des convenances sociales, du goût, de l'art, enfin sous tous les rapports sans exception ; car chacun d'eux peut devenir l'occasion d'un délit tombant sous le coup du régime *répressif*! Mais qui donc oserait être directeur, c'est-à-dire censeur, dans de telles conditions?

» Quel trouble aussi et quelles incertitudes dans les administrations théâtrales secondaires! En face de cette situation toute nouvelle, certains directeurs en arriveraient à ne plus oser risquer d'importantes mises de fonds pour monter leurs pièces! « Le sujet est inoffensif; les détails sont sans consé- » quence, dirait l'auteur! — Vous le croyez, répondrait le di- » recteur craintif ; mais pourtant s'il y avait là un danger, » une répression! Je ne me risque pas. »

» Poursuivons :

» Une pièce se joue. Comment a-t-on organisé l'intervention du gouvernement pour appliquer la répression, s'il y a lieu?

» A-t-on, comme dans le projet de M. de Montalivet, institué au parquet un dépôt du manuscrit à représenter?

» Que le manuscrit ait été déposé ou non aux mains de la justice, que l'inspecteur soit ou non membre du parquet, il faut admettre que l'autorité aura nommé un représentant officiel pour suivre l'effet de la pièce et en rendre compte.

» Supposons que l'effet ait paru répréhensible.

» Le tort peut provenir soit du fait de l'auteur, pour le sujet ou le dialogue; soit de celui du directeur, pour la mise en scène; soit du fait de l'acteur, pour des jeux de scène imaginés et risqués par lui. Dans la majorité des cas, le directeur payera pour tout le monde.

» Voilà donc la pièce incriminée. Elle devra être déférée à

une cour, à un jury, à un tribunal agissant correction-
nellement, enfin à une magistrature quelconque, à ce com-
mise.

» Que fera l'administration supérieure? Attendra-elle pa-
tiemment le résultat du procès? Cela est d'autant moins
présumable que, sous toutes les législations de censure,
préalable ou répressive, l'autorité est restée et restera armée
du droit d'interdiction à l'égard des pièces de théâtre, au
point de vue de la morale et de l'ordre publics.

» L'autorité sera donc amenée à suspendre les représentations de la pièce.

» Remarquons en passant que, sous le régime de la censure répressive, les auteurs et les directeurs se trouveront
exposés à cette mesure discrétionnaire bien plus fréquemment que sous la loi de la censure préalable.

» Continuons :

» La pièce est suspendue. Si c'est une œuvre à mise en
scène coûteuse, le théâtre est à peu près ruiné par cette
interruption.

» S'il s'agit d'un vaudeville ou d'une comédie, la ruine
est moins complète, mais la perte est toujours fort grande.

» Dans le premier cas, le théâtre ferme ; dans le second, il
se traîne péniblement sur des reprises.

» Cependant les juges procèdent. Ils ne peuvent condamner
simplement sur un rapport et sur des témoignages d'agents
officiels ; le débat doit être contradictoire ; il demande une
enquête. Cette enquête ne peut consister qu'en ceci : assister à la représentation de la pièce incriminée, et juger de *visu*.

» En effet, pour apprécier quelle a pu être la portée d'un livre ou d'un article de journal, il suffit de les lire. Pour bien
se rendre compte du mal qu'a pu produire la représentation
d'une œuvre théâtrale, il faut la voir.

» Admettons qu'on ait institué un tribunal parfaitement

compétent pour connaître des questions de ce genre. Comment le tribunal procédera-t-il? A huis clos ou bien en public?

» A huis clos? Mais les conditions de l'épreuve ne seront plus du tout les mêmes que celles où la pièce s'était d'abord produite.

» En public? Voit-on d'ici l'attitude d'une salle instruite de la présence d'un tribunal d'appréciation dramatique !

» En fait, tout cela nous paraît radicalement impraticable.

» Dans l'intérêt des auteurs, dans celui des administrations théâtrales, et nous ne craignons pas d'ajouter dans l'intérêt même de l'art dramatique, le maintien, quant à présent, de l'institution de la censure préalable est encore le plus pratique, le meilleur, le moins dangereux des procédés de contrôle.

» Sans doute, si la censure préalable redevenait ce qu'elle a été à certaines époques, ombrageuse, tracassière, menaçante, alors, sévérité pour sévérité, on aurait raison de mieux aimer les rigueurs éventuelles de la censure répressive.

» Mais lorsqu'on voit la censure préalable être aujourd'hui, bien plus officieuse et conseillère que formaliste et impérieuse, à ce point qu'on lui reproche plutôt sa tolérance que ses rigueurs; lorsqu'elle réside entre les mains de fonctionnaires bienveillants, éclairés, sans parti pris, acceptant loyalement la controverse avec les auteurs et les directeurs, ce qui n'a pas lieu, même en Angleterre, ce pays de liberté, où le théâtre est soumis à une censure absolument autocrate et arbitraire; lorsqu'on peut constater de tels progrès et un tel régime de tolérance et de conciliation, on est fondé à préférer la sécurité de la censure préalable, censure d'autant plus douce que le gouvernement est plus fort, aux menaces de la censure répressive, toujours pénible

parce qu'elle laisse planer le danger vague et la peine im-
prévue.

» Il faut donc attendre encore.

» Au fond, la censure préalable a toujours fini par rallier
les suffrages des intéressés. Après avoir fait des réserves en
faveur du principe de la liberté, ils ont conclu que dans l'état
des choses, une censure préventive était ce qu'il y avait de
mieux. Seulement ils ont exprimé le vœu qu'on l'entourât
de garanties supplémentaires. Quelques-uns ont demandé
que la commission d'examen dramatique ne fût composée
que de sénateurs, de députés, d'académiciens.

» Voilà de bien solennelles interventions en faveur...
d'un vaudeville en un acte!... La littérature dramatique
aurait étouffé sous le poids de tant de protecteurs.

» Des réclamations plus modérées et plus pratiques se sont
bornées à ceci : maintien des bureaux actuels d'examen,
mais institution d'un juge ou d'une commission d'appel.

» On a répondu fort justement que tous les auteurs, sans
exception, réclameraient toujours, ne fût-ce que pour un
seul mot retranché, le recours au tribunal d'appel, ce qui
réduirait les juges du premier degré à une nullité complète.

» Et d'ailleurs on avait oublié une chose, c'est que le tribunal d'appel existe; il se nomme le ministre.

» Et quand le ministre hésite à se prononcer par lui-même,
il en réfère à cette suprême juridiction d'appel, toujours ouverte aux recours, et qui se nomme l'Empereur! »

Tel est le plaidoyer des partisans de la censure préalable.
Nous n'avons omis, nous le croyons du moins, aucun des
arguments favorables à cette cause.

A notre tour, nous allons intervenir dans le débat, et nous
nous permettrons de formuler une conclusion. Qu'on nous

pardonne cette présomption en faveur de la sincérité de notre travail.

Nous avons été témoin des abus que l'affranchissement de toute censure préalable a produits sur les théâtres à certaines époques. Nous avons pu pressentir à quels embarras nous aurait réduit, sous les régimes *dits de liberté*, la loi d'une censure purement répressive.

Nous nous souvenons du temps où M. Caussidière, préfet de police, qui avait d'ailleurs, nous en sommes persuadé, les meilleures intentions du monde, nous faisait venir, en compagnie de M. Vedel, l'un comme gérant de la propriété, l'autre comme directeur du Théâtre-Historique, et nous parlait ainsi :

« Citoyens, vous êtes libres de faire et de dire sur votre théâtre tout ce que vous voudrez. Mais tenez-vous bien ! Si vos pièces ne me conviennent pas, je vous... flanque en prison. »

Ceci se passait sous le régime de la liberté, c'est-à-dire sous la censure répressive. Franchement, nous aurions mieux aimé alors la censure préalable, qui nous eût permis de savoir à quoi nous en tenir sur ce qui pouvait plaire au citoyen préfet Caussidière.

Avant et après cette période exceptionnelle de 1848, nous avons longtemps préféré la censure préventive à tout autre régime. Nous le confessons avec franchise.

Il y a un an, dans une conférence sans caractère officiel, les directeurs des théâtres non subventionnés ont été consultés sur les questions de censure. A l'unanimité, les directeurs ont donné la préférence au système du contrôle préalable. Nous avons voté comme eux, nous le confessons encore.

Cela est tout simple. Les partisans de la censure préalable ont présenté un tableau exact du trouble, de l'anxiété des

directeurs à l'idée d'être soumis à la censure répressive. Il
est bien naturel que, sous une administration bienveillante,
un directeur veuille s'en tenir à la quiétude que donne la
censure préalable, où l'autorité est en quelque sorte de com-
plicité avec lui.

Cependant lorsque l'on s'élève par la réflexion, lorsque
l'on parvient à dominer la question purement personnelle,
on arrive à se dire ceci :

Voilà une question grave, dans laquelle mon intérêt de
spéculateur n'est pas seul engagé. Il y a là les droits de la
pensée; il y a un intérêt supérieur de dignité intellectuelle
et morale avec lequel il faut savoir compter à l'instant
même où le moment semble venu de le faire.

Tout à l'heure nous exposerons quelles raisons nous
avons de croire que ce moment est venu.

C'est pourquoi, après une mûre délibération intime, nous
en sommes arrivé à modifier notre premier jugement et à
voter en faveur de la censure répressive.

Défendre la censure répressive, c'est ici défendre la
liberté. Or il y a généralement un bénéfice à se poser comme
avocat de la liberté : on est toujours assuré d'une popularité
quelconque. Dans la circonstance présente, il y aurait peu
de mérite et d'habileté à faire un calcul de ce genre : il se
trouve qu'en préconisant l'émancipation de l'écrivain, on
serait distancé par le gouvernement lui-même.

N'a-t-il pas tracé tout récemment, en faveur de la presse,
le programme le plus libéral qui se soit jamais vu en France
sous un gouvernement monarchique?

Qu'on lise cet exposé des motifs du projet sur la presse,
auquel nous avons fait un emprunt. Les moins bien prévenus
ne pourront s'empêcher d'y reconnaître une œuvre généreuse et tout empreinte d'un souffle vivifiant d'émancipation :

« Fonder l'autorité au milieu d'une société déchirée, fut le premier devoir de la politique impériale ; affranchir l'initiative individuelle, quand le pouvoir est fondé et les passions apaisées, est sa seconde mission. La tâche d'aujourd'hui n'est donc ni pour l'avenir une imprudence, ni pour le passé une contradiction. L'œuvre de la veille préparait celle du lendemain : inspirées par la même pensée, elles illustreront l'une et l'autre, à des dates distinctes, le règne assez fort pour les accomplir.

» Le lendemain de l'Empire, la prospérité matérielle est le premier bienfait de l'ordre rétabli : les forces économiques ont à peine repris leur essor que le gouvernement inaugure, graduellement et sans secousse, le régime de la liberté commerciale. Le principe nouveau triomphe des vives alarmes qu'il avait soulevées, et l'augmentation croissante de la richesse publique lui crée une éclatante justification.

» La grandeur morale de la France suit la prospérité matérielle ; c'est là le second bienfait de la sécurité. Deux guerres glorieuses étendent et consacrent notre influence : le souverain veut immédiatement que la nation, pacifiée chez elle, victorieuse au dehors, contrôle plus efficacement que par le passé ses propres affaires : au retour du champ de bataille, l'extension des prérogatives du Corps législatif marque, en 1860, cette seconde étape.

» Initié ainsi à la liberté dans la sphère économique et dans celle de la politique, le pays reste intimement uni au pouvoir qu'il a choisi ; chacune des phases traversées consolide la dynastie au lieu de l'ébranler. Désormais le prestige de l'autorité ne doit plus souffrir de l'indépendance du citoyen. Aussi, fier du passé, confiant dans l'avenir, l'Empereur ouvre-t-il encore aujourd'hui à l'activité de tous un plus large champ d'expansion.

» Faire disparaître pour la presse le contrôle administratif qui la contenait jusqu'à ce jour, c'est réaliser pour elle le programme dont nous avons signalé le caractère et le principe. Ce contrôle une fois disparu, l'écrivain ne relève plus que de lui-même et de la loi. Il fait seul sa bonne ou mauvaise fortune : s'il éclaire, s'il est utile, il aura peut-être le succès, toujours le témoignage de sa conscience ; s'il blesse, soit le droit d'autrui, soit le droit de la société, qui est le droit de tous, il doit répondre, non plus à un tuteur, mais à un juge, des écarts de sa pensée. »

Quel plan admirable ! Quoi qu'il advienne de la loi, ce programme aura été celui du gouvernement. Cela suffit pour notre démonstration. En effet, si le gouvernement a de telles aspirations en faveur de l'émancipation du journaliste, pourquoi ne pas admettre que, fidèle à ses principes, il serait également favorable à l'émancipation de l'auteur dramatique?

N'a-t-on pas laissé tout récemment un poëte, M. Albert Glatigny, faire des improvisations dans un café-concert, et cela, bien entendu, sans le moindre contrôle préventif, car on ne saurait viser au préalable une improvisation?

Les journaux n'ont-ils pas enregistré, il y a quelque temps, deux faits qui entrent trop bien dans le cadre de notre discussion pour ne pas être ici mis en relief?

Le premier de ces faits est celui-ci :

Dernièrement l'Empereur a donné un immeuble situé avenue Daumesnil, d'une valeur de 520,000 fr., à la *Caisse des Sociétés coopératives* fondée, sous la présidence de M. Jérôme David, dans le but de venir en aide aux associations ouvrières.

Au moment où les Chambres venaient de voter une loi destinée à développer le mouvement coopératif, l'Empereur tenait à honneur d'encourager, par sa généreuse initiative, une institution appelée à rendre de si grands services au travail.

Et ce n'est pas seulement le travail industriel que l'Empereur favorise; le travail intellectuel est aussi l'objet de sa haute sollicitude.

Voici, en effet, le second incident que nous avons à rappeler :

En juin 1867, la Société des gens de lettres demanda à M. le ministre de l'intérieur l'autorisation de réunir à Paris un congrès littéraire international, et sollicita en même temps le concours de l'administration pour la réalisation d'une pensée tout à fait conforme à l'esprit élevé de notre temps.

La Société exprimait le vœu qu'une somme de 3,000 fr. lui fût allouée dans ce but.

L'Empereur, en apprenant cette démarche, souscrivit spontanément pour une somme de 10,000 fr., en même temps que le ministre de l'intérieur s'empressait d'accorder à la Société des gens de lettres l'autorisation demandée.

. Le comité de la Société adressa alors au ministre la lettre suivante :

A *Son Excellence, le ministre de l'intérieur.*

« Monsieur le ministre,

» Le comité de la Société des gens de lettres nous a chargés de remercier très-vivement Votre Excellence pour le gracieux empressement qu'elle a mis à nous accorder l'autorisation de réunir, à Paris, un congrès littéraire international.

» Nous ferons de notre mieux pour que ce concours des écrivains de tous les pays, attendu et nécessaire, ne dépare point l'ensemble des œuvres accomplies par la France en cette grande année 1867.

» Le comité prie Votre Excellence de porter jusqu'à l'Empereur l'hommage de notre respectueuse et sincère reconnaissance pour le don de 10,000 fr. que Sa Majesté a bien voulu nous accorder.

» Il appartenait au souverain qui a conquis le droit d'ajouter au trophée commun à tous les rois cette arme plus rare : sa plume d'historien éloquent et glorieux ; il appartenait à l'Empereur d'offrir spontanément aux Lettres une pareille preuve de son éclatante sympathie.

» Veuillez agréer, monsieur le ministre, l'expression de nos sentiments les plus dévoués.

» Pour le comité : PAUL FÉVAL, *président ;*

B⁰ T. TAYLOR, *président d'honneur ;*

CHAMPFLEURY, *rapporteur.* »

De pareils actes, dit avec raison M. J. Cohen, portent en eux-mêmes leur haute signification.

Il appartenait au souverain qui, suivant la délicate allusion de la lettre qu'on vient de lire, unit si noblement aux grandeurs de l'homme politique la gloire de l'écrivain, d'honorer ainsi doublement le travail et l'intelligence, les deux forces productives des nations.

Il lui appartenait d'associer dans un même témoignage de sympathie le progrès matériel et le progrès moral, le bien-être des ouvriers de la matière et des ouvriers de l'esprit.

C'est l'honneur du règne de Napoléon III de vouloir élever à la hauteur d'un grand système social la glorification et l'émancipation du travail sous toutes ses manifestations et sous toutes ses formes.

Donc le moment est venu de solliciter l'initiative complète de l'écrivain au théâtre :

Parce que la raison publique s'est mûrie ;

Parce qu'on la voit accueillir froidement aujourd'hui, sur nos scènes parisiennes, des sujets de pièce, des maximes et des allusions qui, en d'autres temps, auraient profondément agité les spectateurs et troublé l'ordre ;

Parce que ce remarquable progrès n'est que le prélude de ceux qui ne tarderont pas à s'accomplir ;

Enfin parce que la complète émancipation de la littérature dramatique serait conforme à l'active et généreuse préoccupation d'un gouvernement qui, suivant l'heureuse appréciation de M. le premier président de Royer, « sans jamais séparer l'ordre de la liberté, s'attache à donner à la liberté et à l'initiative individuelle tous les développements compatibles avec les intérêts généraux du pays et de la société. »

Pour notre part, et sous le mérite des considérations qui précèdent, nous verrions donc maintenant sans inquiétude la suppression de la censure préalable.

Cela nous servirait d'ailleurs à juger si la censure préventive était bien réellement, comme on l'a tant de fois affirmé, le seul obstacle à l'essor complet de notre littérature dramatique...

Nous devons confesser nos doutes sur ce point. Il est permis de croire, avec M. Thiers, que la censure préalable n'a jamais empêché un chef-d'œuvre d'éclore.

Est-ce à dire qu'elle n'a pas été souvent une entrave? Si vraiment, et la preuve, c'est qu'en mainte circonstance ses conclusions ont été infirmées par le ministre compétent.

Sans doute, cela est moins à craindre avec la censure actuelle, dont on a signalé, avec raison, la bienveillance intelligente.

Mais enfin, même sous ce régime de tolérance, nous avons entendu plus d'un auteur de bonne foi et de talent déclarer que la préoccupation d'un contrôle préalable est une grande gêne, dès le début du travail, soit dans le choix du sujet, soit dans la conception des caractères et des situations principales, soit dans la forme du dialogue.

A se dire sans cesse : on me défendra ceci, on modifiera cela, l'auteur se laisse insensiblement dériver sur un terrain banal, ce qui fait qu'à la longue toute une littérature théâtrale revêt un caractère fâcheux d'uniformité, c'est-à-dire de stérilité.

Que serait-ce donc, ajoutent les auteurs, si aux examinateurs actuels succédaient des fonctionnaires peu bienveillants; si de *lettrée* qu'elle est au ministère de la maison de l'Empereur, la censure devenait *politique*, en passant à un autre ministère?

Mieux vaudrait, cent fois, le système de la répression!

Enfin, disons-le franchement, le contrôle de la censure préalable, même la plus tolérante, a quelque chose qui froisse la dignité de la pensée. Toute censure est odieuse, parce qu'elle dérive du principe de l'arbitraire.

C'est pour cela que la censure préventive, en dépit des considérations plausibles qui l'appuient, ne sera jamais le mot définitif de la question. Des écarts, des licences coupables ont été signalés à chaque période de liberté! Qui le nie? Mais lorsque le désordre se produisait ainsi au théâtre, dans quel état se trouvait donc la société tout entière? L'écrivain et le pays n'abusaient-ils pas ensemble des premières heures de la liberté?

Rien n'autorise à conclure à la nécessité d'éterniser le contrôle préventif sur les pièces de théâtre.

Pour l'honneur de l'humanité, qui avance toujours, quoique avec des rapidités inégales, il faut admettre, au contraire, que les entraves, les mesures de compression ne sont jamais que transitoires. Les transitions sont plus ou moins nécessaires; elles durent plus ou moins longtemps, suivant les progrès des mœurs, de la raison d'un peuple, et suivant le tempérament de son gouvernement.

Eh bien, d'une part, lorsque la raison publique achève de se former; d'autre part, lorsque le gouvernement démontre, en chaque circonstance, son goût sincère pour la libre action de tous les intérêts licites, pourquoi attendrait-on davantage?

A quel moment un gouvernement plus fort pourrait-il faire, avec moins de péril, une tentative libérale plus conforme à ses tendances, à ses principes?

S'il arrivait, contre notre pensée et contre notre désir, que nous nous fussions trop hâté d'affirmer le progrès de la raison publique; si nous nous étions mépris sur l'opportunité de déférer aux spectateurs eux-mêmes le droit d'appliquer la censure théâtrale, alors qui pourrait se plaindre de voir l'autorité ressaisir le droit d'intervention préalable? Les partisans de l'émancipation immédiate n'auraient plus qu'à s'avouer vaincus. Il resterait au gouvernement l'honneur d'avoir tenté, dans des conditions exceptionnelles de réussite, l'essai de cette liberté.

Espérons que cette tentative n'échouerait pas par la faute même de ceux à qui elle devrait profiter. A tout événement, il ne serait que juste d'acquitter la liberté par la responsabilité.

Mais cette responsabilité courrait-elle de bien grands risques au point où en est venue notre littérature dramatique? Nous ne le pensons pas.

Soit que l'on considère la forme, soit qu'on examine le fond, il est impossible de ne pas constater dans le théâtre contemporain l'avénement d'une modération correspondant, chez les écrivains dramatiques, à la raison mûrie des spectateurs. Les virulences accidentelles de notre théâtre sont dirigées contre les mœurs, non contre les institutions : elles sont aristophanesques; elles ne sont point révolutionnaires.

Quant à l'argot, tant reproché à certains théâtres, il obtient une vogue plus grande encore dans le monde que sur les scènes qui l'ont produit. S'il est adopté avec cet empressement par le public élégant, pourquoi fulminer l'anathème contre une débauche à la mode, mais peu dangereuse après tout, du langage courant?

Pourquoi prétendre que l'État soit le régulateur du goût et de la délicatesse?

Il suffit d'écouter les grands orateurs de nos tribunes publiques pour être convaincu que la langue française n'est pas en décadence, et qu'elle sait, avec une souplesse sans égale, passer du débraillé fantaisiste, au ton de l'élégance la plus accomplie, ou s'élever aux sublimités de l'éloquence!

Des mots et des costumes un peu trop.... légers, tels sont le plus fréquemment, les écarts sur lesquels s'exerce la censure préalable.

Le public nous paraît être le meilleur et, dans tous les cas, le premier juge en ces questions. Des hommes assemblés dans une salle de théâtre, en compagnie de leurs femmes et de leurs enfants, ne toléreront jamais des spectacles ou des mots déshonnêtes.

Celui qui les risquera, sous le régime de la liberté, méritera d'être puni comme l'est un malheureux qui, sur la voie publique, commet une offense à la moralité. A-t-on institué là des mesures préventives ? Non ; cependant il y a aussi un public dans la rue : l'attentat et l'outrage n'y sont que trop possibles ; mais chacun agit sous sa responsabilité ; la répression suffit.

Restent les questions de fond, c'est-à-dire les sujets de pièce, les caractères, les scènes principales. Ici le rôle de la censure préalable grandit. Mais il est exposé à grandir outre mesure et à cesser d'être en rapport avec le goût, avec les idées, disons plus, avec les besoins du temps.

Alors qu'elle ne devrait avoir à se préoccuper, dans tous les cas, que des questions générales et éternelles d'ordre et de moralité, la censure préventive se fait fatalement instrument politique. Ainsi elle supposera que telle période antérieure, mal notée dans l'histoire, offre de l'analogie avec la période présente : elle croira voir des allusions, elle imaginera des sous-entendus, elle craindra les rapprochements, les exemples.....

Des exemples ! comme si le théâtre était aujourd'hui le principal enseignement du peuple ! comme si nos institutions modernes ne tendaient pas de plus en plus à lui faire tout connaître, tout apprendre, afin que sa raison éclairée et grandie ; puisse juger, apprécier et dominer sa force, d'autant plus brutale qu'elle est plus aveugle !

Le théâtre s'est amendé dans le fond, comme il l'a fait pour la forme. Dût-on nous traiter d'optimiste, nous ne crai-

gnons pas d'avancer que l'on pourrait appliquer au théâtre
contemporain ce que M. Gladstone disait dernièrement, en
Angleterre, du journalisme, à l'occasion d'une caisse de secours à instituer pour et par les écrivains de la presse pério-
dique : «...il devient plus honnête, plus sincère, plus respec-
» tueux envers les personnes, envers la sainteté de la vie
» privée, plus soigneux d'éviter ce qui peut provoquer la
» rougeur ou une souillure, et cela à mesure qu'il gagne en
» popularité et en diffusion...»

Nous répétons que cela nous semble parfaitement applicable au théâtre. Et en effet, où sont les auteurs qui, de nos
jours, abstraction faite de toute censure, se risqueraient à
employer, comme élément de succès, le scandale soit privé,
soit historique, soit politique? Les mœurs, l'opinion, la force
du gouvernement établi, la raison, le goût publics, les con-
damneraient bien avant la sentence judiciaire à laquelle ils
resteraient exposés!

Cette sentence ne se ferait pas attendre, et la procédure
pourrait être moins compliquée qu'on ne l'a imaginé.

Qu'il nous soit permis d'exposer, en quelques lignes, un
programme pour l'application de la censure répressive.

La censure préalable étant supprimée, comment procéde-
rions-nous?

Pour commencer, nous ne saisirions pas (comme dans le
projet Montalivet) un juge d'instruction du droit de suspendre une pièce. Nous ne laisserions pas à une chambre du
conseil la faculté de prononcer ou de refuser la mainlevée
de l'interdiction. Sous une forme indirecte, ce serait le rétablissement de la censure préventive; bien plus, ce serait le juge
d'instruction ou le procureur introduit dans l'art dramatique;
l'accusateur public substitué à l'examinateur conciliant.

Il nous semble bien préférable pour les directeurs de
théâtres, pour les auteurs, pour les artistes, de rester justi-

ciables du ministère actuel, au moins au premier degré.

Il y a dans le ministère les traditions, la bienveillance acquise, la connaissance et le patronage des théâtres ; enfin, il y a un appel toujours possible au pouvoir éclairé qui préside à l'art dramatique et aux questions littéraires.

Les membres du bureau actuel d'examen dramatique, seraient maintenus dans notre projet, mais comme *conseillers*, non plus comme *censeurs*.

Le dépôt des pièces au ministère serait obligatoire comme par le passé.

Les membres *du conseil des théâtres* prendraient connaissance des manuscrits, et ensuite convoqueraient, encore comme par le passé, les directeurs et les auteurs, à l'effet de leur communiquer des observations motivées.

Enfin, une répétition générale serait consacrée, par chaque pièce, à l'inspecteur des théâtres : il prendrait ainsi connaissance de la mise en scène de l'œuvre à représenter.

Seulement, ni le conseil des théâtres, ni l'inspecteur, ni l'autorité supérieure elle-même, *n'auraient le droit d'imposer aux intéressés leurs observations, corrections ou suppressions*. Les directeurs et auteurs en tiendraient ou n'en tiendraient pas compte, le tout sous leur responsabilité.

Le jour de la représentation venu, le public serait juge de la pièce. De son côté le ministre ou ses représentants apprécieraient l'effet produit.

S'ils reconnaissaient ou croyaient reconnaître l'existence d'un délit, ils le déféreraient au parquet, à l'égard duquel le conseil des théâtres se constituerait à l'état de plaignant, au nom du ministre.

La procédure devrait être instruite d'urgence et le jugement ou l'arrêt rendu à bref délai.

Les causes devraient être soumises à l'appréciation d'un jury.

Une loi avec des pénalités spéciales serait édictée sur cette matière (1)

En tout état de cause, le ministre serait toujours le maître d'autoriser les représentations d'une pièce suspendue, et cela n'importe à quel moment de l'instruction judiciaire, dans le cas où les auteurs et les directeurs viendraient à lui soumettre et à lui faire agréer des modifications ou corrections satisfaisantes.

Notons ce dernier point : il aurait dans la pratique, une importance extrême en ce que, par exemple, une pièce défendue le lendemain de sa première représentation pourrait être rendue et jouée le soir même, si, par suite des modifications offertes instantanément au ministre, il lui plaisait de retirer sa plainte. Dans le cas, au contraire, où la suspension de l'œuvre dramatique serait à la diligence et appartiendrait à la volonté du parquet, il faudrait de toute nécessité subir les délais légaux du jugement ou de l'arrêt ; délais qui suffiraient souvent à consommer la ruine d'un théâtre.

Tel est sommairement notre programme. — Il réserve complétement l'initiative des auteurs, et ne désarme pas l'ordre public. C'est la liberté et la responsabilité pour l'art dramatique, sans être la licence.

(1) Voici l'historique très-succinct des dernières dispositions relatives à la censure préalable :

Un décret, en date du 30 décembre 1852, avait maintenu le bureau d'examen dramatique dans les attributions du Ministre de l'intérieur.

Mais le décret du 6 juillet 1853 détache les théâtres impériaux subventionnés de la juridiction du ministère de l'intérieur, pour les placer sous l'administration du ministre d'État, c'est-à-dire aujourd'hui du ministre de la maison de l'Empereur. Mais il ne s'agit que *des théâtres impériaux subventionnés*.

Il résulte de là que si les décrets de 1852 et de 1853 fussent restés en vigueur, il y aurait en ce moment au ministère de l'intérieur un bureau unique de censure préalable destiné à desservir à la fois deux ministères : celui de la maison de l'Empereur pour les théâtres impériaux subventionnés, celui de l'intérieur pour les autres théâtres.

Un décret ultérieur (23 juin 1854) a définitivement centralisé le service de la censure au ministère de la maison de l'Empereur.

En résumé, à l'époque où nous vivons, il n'y a qu'une seule nation qui soit en possession de fournir ses produits dramatiques au monde entier : cette nation, c'est la nôtre!

L'Empereur a donné à notre théâtre la liberté industrielle : qu'il achève son œuvre en accordant aux écrivains dramatiques la liberté de la pensée!

Le gouvernement aura généreusement abaissé les dernières barrières, il aura fait tout ce qu'il pouvait faire. Ce sera aux intéressés à remplir à leur tour, et avec d'autant plus de loyauté, tous leurs devoirs.

Les auteurs devront s'efforcer de vulgariser de plus en plus les idées justes, saines, véritablement civilisatrices.

Le public devra se sentir plus particulièrement engagé dans les questions théâtrales; il devra renoncer à n'y voir qu'une distraction sensuelle ou tout au moins un passe-temps banal. Le décret qui a émancipé les théâtres l'émancipe aussi. Qu'il s'élève, et le théâtre montera!

Il n'est pas sans intérêt de relater ici, à propos de la censure préalable, la liste des pièces dont la représentation est actuellement interdite. Sans craindre de nuire à nos précédentes conclusions en faveur du régime répressif, nous n'hésitons pas à faire remarquer que le régime actuel n'a guère fait que viser les prohibitions antérieures et que, sur un répertoire de plus de douze mille pièces anciennes, l'interdiction n'en atteint pas une centaine! Enfin nous étonnerons sans doute beaucoup le lecteur en lui apprenant que, dans ces dix dernières années, la censure préalable n'a interdit que trois ouvrages dramatiques dignes de ce nom!

LISTE DES PIÈCES INTERDITES

(22 Décembre 1866.)

A

Auberge des Adrets (l').
Abbaye de Castro (l').
Apprenti (l'), ou l'Art de faire une maîtresse.
Antoine, ou les Trois générations.

B

Bertram le matelot.

C

Coup d'État (un).
Chevalier de Maison-Rouge (le).
Chiffonnier (le).
Chodruc-Duclos.
Camille Desmoulins.
Cuisinier politique (le).
Charlotte Corday.

Cotillon III.
Croix de Feu (la).
Chandelier (le).
Comte de Charollais (le).
Caravage.
Conseil de révision (le).
Cosaques (les).
Cure et l'Archevêché (la).
Curé Mérino (le).
Curé Mingrat (le).

D

Daphnis et Chloé (vaudeville).
Diogène.
Doigt de Dieu (le).
Discrétion (une).
Dent sous Louis XV (une).
Deux Serruriers (les).

U

Urbain Grandier.

V

Vautrin.
Vendéenne (la).

Vénitienne (la) et le Bravo.
Volière politique (la).
Victimes cloîtrées (les).
Villefort.
Visitandines (les).

PIÈCES

recommandées à l attention de MM. les préfets.

Agnès de Méranie.
Catilina.
Dernier de la famille (le).
Fénelon (tragédie).
Frétillon.
Juif errant (le).
Karl ou le Château.

Mystères de Paris (les).
Ouvrier (l') (drame).
Paillasse.
Pauline.
Raphaël.
Royaume des Femmes (le).
Six degrés du Crime (les).

RÉPERTOIRE

de pièces à rôles d'enfants recommandées particulièrement à l'attention de MM. les préfets.

Bal en robe de chambre (le).
Bonne petite fille (la).
Cerisette en prison.
Dot de Marie (la).
Fée Cocotte (la).

Fille bien gardée (la).
Ivrogne et son enfant (l').
Maman Sabouleux.
Mam'zelle fait ses dents.

PIÈCES

autorisées avec des modifications.

Antony.

Angèle.

Atar-Gull.

Aubry le Boucher.

Berline de l'Émigré (la).

Barrière de Clichy (la).

Canal Saint-Martin (le).

Clotilde.

Chevaux du Carrousel (les).

Chambre ardente (la).

Cocarde tricolore (la).

Cornemuse du Diable (la).

Courrier de Lyon (le).

Diane de Chivry.

Élève de Saint-Cyr (l').

Folle de la Cité (la).

Glenarvon, ou les Puritains de Londres.

Héloïse et Abeilard (drame).

Juif errant (le).

Homme au masque de fer (l').

Madeleine.

Mariage au tambour (le).

Latude.

Naufrage de la Méduse (le).

Nonne sanglante (la).

Oncle Baptiste (l').

Sonnette de nuit (la).

Perrinet Leclerc.

Pierre le Rouge.

Sonneur de Saint-Paul (le).

Richard Darlington.

Tour de Nesle (la).

Thérésa.

Paysans (les).

Voisin (la).

Victorine, ou la Nuit porte conseil.

N. B. Les pièces qui n'ont pas été représentées depuis le 30 juillet 1830 devront être soumises à un examen préalable.

CHAPITRE VIII

LES CAFÉS-CONCERTS

De la chanson en général. — La chanson d'aujourd'hui. — Nomenclature des
nouveautés à la mode. — Vogue des cafés-concerts. — Projet de réclamations
des directeurs de théâtres. — Infraction des cafés-concerts au décret de 1864.
— Conclusions de la commission des directeurs. — Liberté pour tous. — Liste
des cafés-concerts en exercice.

En lisant l'ouvrage intéressant que M. Charles Nisard a
publié sous ce titre : *Des chansons populaires chez les anciens
et les Français,* on voit passer devant soi les ballades du
Nord, les légendes de l'Allemagne, les fandangos espagnols,
les canzoni italiens, les voceri corses, les mynologues grecs,
les tensons, les sirventes des troubadours, et enfin la suc-
cession des chansons modernes de la France, tour à tour
gaies, amoureuses, grivoises, satiriques, aggressives, belli-
queuses, sombres ; vivant reflet des ardeurs, des tendresses,
des goûts, des passions populaires.

Les chansons, a dit M. Lievin, sont, en effet, par création
ou par adoption « la chose du peuple. »

Comment est-il arrivé que cette *chose du peuple* ait abouti au répertoire actuel des cafés-concerts? c'est ce que nous n'entreprendrons pas d'expliquer.

Le genre grivois, l'allure déhanchée y dominent; on est forcé d'en convenir. Cependant il serait injuste de ne pas reconnaître qu'à travers les refrains insensés, les roulades convulsives entremêlées de hoquets et de tyroliennes, il s'élève parfois quelques strophes d'une bonne et saine poésie; quelques couplets émus de tendresse ou de patriotisme; enfin quelques chansons jeunes, fraîches, coquettes.

Voici une nomenclature des nouveautés présentement en vogue: nous les enregistrons pour fournir des matériaux aux critiques de l'avenir. Nous préparons peut-être des tortures aux Saumaises futurs, s'ils ont la prétention de trouver dans la chanson d'aujourd'hui, telle qu'elle se chante aux cafés-concerts, l'histoire du peuple écrite par lui-même, comme nos critiques contemporains, et entre autres M. Lievin, ont pu tenter de le faire par l'analyse de quelques chansons populaires prises à différentes époques, et empruntées à d'autres ordres d'idées.

Les Métamorphoses de Tartempion, saynète pour deux hommes. — *J'sais pas trop comment vous dir'ça*, chanson rustique. — *Je n'men porte pas plus mal*, confession. — *Quand il pleut*, chansonnette. — *Papa Toumiel*, chansonnette. — *On vous dira que c'nest pas vrai*, chanson héroïque. — *Luciole*, légende. — *L'Hiver à Paris*, rondeau. — *Saprédié*, chanson rustique. — *La Perle de Gonesse*, chanson rustique. — *Jeanne la Rieuse*, paysannerie. — *N'y a rien d'charmant comme un conscrit*, confidence d'une cuisinière — *Adrien*, plainte conjugale. — *N'y a rien à dire à ça*, paysannerie. — *On n'en meurt pas*, chansonnette philosophique. — *Ce n'est pas vous ni moi non plus*, chansonnette. — *Piqu'ta tête*, gaminerie aquatique. — *La Tentation d'An-*

toine, chansonnette comique. — *Les Deux veufs*, duo comique. — *La Vénus aux carottes*, ronde des contributions indirectes. — *Les Plaisirs de Paris*, ronde de l'Amour qui tue. — *Paris gamin*, ronde. — *Le Titi du Boulevard*, ronde. — *Lâchez-moi donc le coude*, ronde. — *La Dijonnaise*, ronde de la Bourguignotte. — *Chanson d'avant-poste.* — *Fanchette*, chanson. — *Chapeaux à vendre*, chanson de mœurs. — *La Nourrice sur lieux*, rusticité bressane. — *La Déesse du Bœuf gras.* — *Tout passe*, chansonnette. — *Je n'peux pas, j'suis marié*, chansonnette. — *Je me fais vieux*, chanson. — *Solide au poste*, chanson. — *Mon Adèle*, scène comique. — *Je me l'demande*, cri du cœur. — *Rien n'est bon comme le bon vin*, chanson. — *C'est dans l'nez qu'ca m'chatouille*, excentricité. — *Chasse au camaïeu*, ronde des Cabinets, etc.

Pour ceux qui désireraient de plus amples renseignements, nous les adressons à l'agence et au journal spécial de M. Louis Borssat.

Les cafés-concerts obtiennent une vogue réelle. Que ce soit à cause du genre même de la chanson, ou bien que ce soit à cause du sans-gêne de ces établissements ; sans-gêne qui correspond aux mœurs d'une partie de la présente génération, il importe peu. Le résultat, c'est que les cafés-concerts ne désemplissent pas.

Inauguré par Mlle Thérésa, continué par Mlle Suzanne Lagier, leur succès va toujours en augmentant.

Ce succès avait fortement inquiété, il y a quelques mois, un certain nombre de directeurs de théâtres à Paris. Ils se réunirent à l'effet de porter plainte à l'autorité, en se fondant sur ce que les cafés-concerts donnaient des exhibitions de danse et de costumes, et ce, au mépris du texte formel du décret et des circulaires ministérielles de 1864.

L'article 6 du décret relatif aux cafés-concerts est ainsi conçu :

« Les spectacles de curiosité, de marionnettes, les cafés dits cafés chantants, cafés-concerts et autres établissements du même genre restent soumis aux règlements présentement en vigueur... »

Quant aux circulaires ministérielles, elles précisent le sens du décret dans les termes absolus que voici :

« .....L'article 5 n'ayant pas besoin de commentaires, il me reste, monsieur le préfet, à appeler votre attention sur l'article 6, par lequel les spectacles de curiosités, de marionnettes, les cafés dits cafés chantants, cafés-concerts et autres établissements du même genre, restent soumis aux règlements présentement en vigueur, mais sont toutefois désormais affranchis de la redevance établie par l'article 11 de l'ordonnance du 8 décembre 1824, en faveur des directeurs des départements.

» La liberté accordée à l'industrie spéciale des théâtres ne s'étend pas, et ne pouvait s'étendre, à tous les établissements publics d'un autre ordre, et notamment aux cafés, qui, comme débits de boisson, sont, vous le savez, soumis à des règlements spéciaux. Vous pourrez, quand vous le jugerez convenable, autoriser les propriétaires de cafés à faire exécuter dans leurs établissements toute espèce de musique instrumentale, et chanter toute sorte de morceaux de musique, même de l'ordre le plus élevé, sans toutefois porter atteinte au droit des auteurs sur les ouvrages du répertoire moderne. Ces exécutions instrumentales et vocales devront toujours, comme par le passé, avoir lieu sans aucun costume ni travestissement, sans décors et sans mélange de prose, de danses et de pantomimes. Autrement ce seraient de véritables théâtres, et la distinction établie par les articles 1 et 6 du décret ne serait pas respectée.

» Les entrepreneurs de cafés-concerts et de cafés chantants seraient d'autant moins fondés à se plaindre du maintien de cet état de choses, qu'ils ont désormais la liberté de construire et d'exploiter des théâtres si bon leur semble.

» Par spectacles de curiosités et autres établissements du même genre que concerne aussi l'article 6, vous devez entendre les petits spectacles de physique et de magie, les panoramas, dioramas, tirs, feux d'artifice, expositions d'animaux et tous les spectacles forains et d'exercices équestres qui n'ont ni un emplacement durable ni une construction solide.

» Affranchis de la redevance qu'ils payaient aux directeurs des théâtres, en province, ces établissements n'auront plus à supporter qu'un prélèvement au profit des pauvres ou des hospices. La législation nouvelle sera donc pour eux un grand bienfait, et leur condition se trouvera sensiblement améliorée....»

Les directeurs de théâtres entendaient justifier leurs plaintes contre les cafés-concerts en signalant leur état flagrant et journalier de contravention aux dispositions qui précèdent.

La commission choisie dans la Société des directeurs fut consultée par les plaignants. Elle exprima, par l'organe de M. Montigny, son président, les résolutions suivantes :

« Si les directeurs qui réclament estiment sérieusement que l'industrie des cafés-concerts est devenue plus avantageuse que l'exploitation de la plupart des théâtres secondaires, on doit faire remarquer qu'il leur est loisible désormais d'échanger le mode de leur exploitation contre celui des cafés-concerts ;

» Ils ne peuvent donc protester contre un monopole qui n'existe pas ;

» L'on ne saurait en effet, signaler comme étant un privi-

11

lége exclusif le droit que les cafés-concerts ont obtenu de donner leurs exhibitions devant un public fumant et buvant, puisque l'autorité ne paraît pas disposée à interdire ce droit aux théâtres qui voudraient l'obtenir, et qui, par le fait, deviendraient alors eux-mêmes de véritables cafés-concerts ;

» En ce qui concerne l'usurpation, par les cafés-concerts, du costume, de la danse, et d'une certaine mise en scène, l'autorité reste seule juge de la question ;

» En accordant la liberté de l'industrie des théâtres et en réservant celle de l'industrie des cafés-concerts, elle n'a pu créer ni droit spécial, ni réserves au profit des directeurs de théâtres ;

» Elle pourrait, alors que bon lui semblerait, édicter la liberté des cafés-concerts, de même qu'elle l'a fait pour l'industrie théâtrale, sans que celle-ci eût à produire ni réclamations, ni observations fondées ;

» En conséquence, la commission estime qu'il n'appartient en aucune façon, aux directeurs de protester, sous le seul prétexte qu'ils souffrent d'une concurrence dangereuse, contre la liberté restreinte ou totale qu'il peut plaire à l'autorité d'accorder aux cafés-concerts. »

Les directeurs se soumirent à ces sages observations.

En examinant la ligne de conduite du ministère de la maison de l'Empereur et de la préfecture de police, dans cette question des cafés-concerts ; en consultant les pièces officielles adressées aux intéressés ; surtout en recueillant leurs aveux relativement aux sollicitations faites par eux, à diverses reprises, pour obtenir de plus amples droits d'exploitation, on est frappé de la persistante bienveillance de l'autorité à leur égard.

Hâtons-nous d'ajouter que cette bienveillance n'a rien d'absolument particulier aux cafés-concerts. C'est une nouvelle manifestation de l'esprit libéral qui, de plus en plus,

rayonne pacifiquement du souverain à toutes les branches
de son immense administration.

Ainsi, lorsque le directeur du *café Bataclan* demanda
l'autorisation de donner des opérettes, des comédies-vaude-
villes, avec danses et costumes de caractère, le ministère de
la maison de l'Empereur ne paraît pas avoir fait la moindre
opposition entre les mains de M. le préfet de police, à qui
incombe l'administration des cafés-concerts.

De même, lorsque M. Aublin, directeur du café du terre-
plein, au pont Neuf, sollicita la permission de donner des
représentations théâtrales, le jour, tout en gardant, le soir,
la spécialité du genre café-concert, il fut agréablement surpris de voir sa requête accueillie, à la seule condition de remplir exactement les charges spéciales incombant au genre
théâtre qu'il entendait exploiter le jour.

Tolérance et équité; tel est, en deux mots, le programme
général de l'autorité.

C'est en vertu de ce programme que les théâtres qui dési-
rent recourir à l'exploitation des bals masqués, pendant le
carnaval, obtiennent désormais de M. Pietri, préfet de police, la permission de les donner le samedi.

Jusqu'à l'hiver dernier, le samedi avait été un jour réservé *par privilége* aux bals de l'Opéra. Ce privilége, ayant
été trouvé suranné et injuste, a disparu...

Combien nous sommes loin des mesures arbitraires *et par-
tiales* de certaines époques! Il est vrai que le décret de 1864
inaugure un régime nouveau; qu'en ce qui concerne les
cafés-concerts, l'intention du ministère de la maison de
l'Empereur et de la préfecture de police est évidemment de
solliciter les essais, les manifestations nouvelles au profit
de l'art, même d'un art inférieur; et qu'enfin le préfet ne
resterait point désarmé en cas d'abus. Les permissions sont
comminatoires: dans la pratique on les adoucit volontiers;

en principe elles sont fermes et prévoyantes. Pour s'en convaincre il suffit de parcourir le texte officiel des autorisations relatives aux cafés-concerts.

« Nous, préfet de police,

» Vu l'ordonnance de police du 17 novembre 1849, concernant les cafés-concerts (1); — Vu la demande à nous adressée le..... par M....., à l'effet d'obtenir l'autorisation de tenir un café-concert.

» Arrêtons ce qui suit :

» Article Ier. — M..... est autorisé à tenir un café-concert dans son établissement, aux conditions suivantes, savoir :

» 1° D'interdire tout chant politique ou immoral ;

» 2° D'interdire également tout travestissement ou costume théâtral, ainsi que toute espèce de danses et d'exhibitions ;

» 3° De ne faire exécuter que de la musique instrumentale, des chansonnettes à une seule voix ou des romances à une ou deux voix, ces derniers morceaux ne devant avoir aucun caractère dramatique ni être coupés par des scènes dialoguées ;

---

(1) Cette ordonnance est ainsi conçue :

« Nous, préfet de police,

» Vu la loi des 16-24 août 1790, titre XI, art. 3, § 3 ;

» L'arrêté du gouvernement du 12 messidor an VIII ;

» L'arrêté du gouvernement du 5 brumaire an IX,

» Ordonnons ce qui suit :

» ART. 1er. — Il est interdit aux propriétaires des cafés, estaminets et autres établissements publics situés dans le ressort de la préfecture de police, d'avoir dans leurs établissements, sans notre autorisation, des chanteurs, bateleurs et musiciens, et d'y faire exécuter des chants, déclamations, parades et concerts.

» ART. 2. — L'arrêté d'autorisation contiendra les conditions sous lesquelles la permission est accordée.

» ART. 3. — Les permissions délivrées jusqu'à ce jour devront être renouvelées dans le délai de trois mois...

» Le préfet de police,

» P. CARLIER. »

» 4° De ne faire chanter aucun morceau tiré du répertoire des théâtres lyriques ;

» 5° De s'abstenir de tous chœurs et tous morceaux d'ensemble ;

» 6° De ne faire paraître en scène que les chanteurs exécu-
tants, sans aucun figurant ou comparse ;

· » 7° De ne faire usage à l'orchestre d'aucun instrument
bruyant, tels que caisse, grosse caisse, cymbales, cloche, tir
d'armes à feu ou de pièces d'artifice ;

» 8° De faire afficher à l'intérieur et à la porte de l'établissement, dans un lieu apparent, le tarif des objets de consommation ;

» 9° De remettre chaque soir, avant le commencement du
concert, aux préposés de la préfecture de police, chargés de
la surveillance, le programme du jour, visé au ministère de
la maison de l'Empereur et des beaux-arts et chez le commissaire de police d

» 10° De ne faire faire aucune quête dans l'intérieur de
l'établissement, et de ne percevoir aucun droit d'entrée ;

» 11° De ne faire chanter aucun enfant de moins de
quinze ans sans en avoir obtenu l'autorisation ;

» 12° De n'apposer sur la voie publique aucune affiche
indiquant le programme des concerts ni le nom des chanteurs ;

» 13° D'acquitter le droit des indigents au moyen d'un
impôt consenti par le receveur de ce droit et approuvé par
M. le préfet de la Seine ;

» 14° De régler la tonalité de son orchestre sur le diapason normal, institué par arrêté de S. Exc. le ministre d'État,
en date du 16 février 1859, et déposé au Conservatoire impérial de musique et de déclamation ;

» 15° De ne faire exécuter aucune œuvre musicale ou
littéraire non tombée dans le domaine public, à moins de

s'être pourvu au préalable du consentement des auteurs ou compositeurs;

» 16° De donner un libre accès dans l'établissement à MM. les inspecteurs des théâtres, nommés par M. le ministre de la maison de l'Empereur et des beaux-arts;

» 17° De terminer les concerts à onze heures du soir;

» 18° De rétribuer, conformément aux tarifs de notre préfecture, les agents de la force publique que nous jugerons nécessaire d'envoyer à cet établissement, dans l'intérêt du bon ordre;

» 19° De ne recevoir dans son établissement aucune réunion étrangère à l'exploitation d'un café-concert, à moins d'une autorisation spéciale.

» Art. II. — La présente permission n'est valable que pour   mois, et ne pourra être exploitée que dans le local ci-dessus désigné pendant la saison   au   186   . Elle est personnelle, incessible sans notre adhésion, et toujours révocable en cas de grave désordre ou de violation des conditions exprimées en l'article précédent.

» Elle serait également considérée comme annulée de plein droit si M... cessait de tenir son café-concert pendant trois mois sans une autorisation spéciale, etc., etc.

» Fait à Paris, le....

» *Le Préfet de police.* »

On voit par le texte officiel qui précède, que l'autorité n'est pas le moins du monde engagée à l'égard des cafés-concerts, et qu'elle pourra, lorsqu'elle le voudra, changer en sévérité légale la tolérance actuelle.

Si nous étions chargé de donner notre avis sur ce point, nous dirions que non-seulement nous acquiesçons de tout notre cœur aux facilités présentement accordées ; mais que nous préférerions encore la liberté pleine et entière, comme pour l'industrie théâtrale.

En effet, ou bien le décret, en ce qui concerne les cafés-concerts, doit être rigoureusement observé ; et alors pourquoi y déroger complétement par voie de tolérance administrative ?

Ou bien la tolérance a de bons effets, et nous le croyons : alors pourquoi ne pas l'ériger en loi ?

Pourquoi à des stipulations formelles, non-observées, ne pas substituer purement et simplement le régime avoué de la liberté ?

Pour le cas où une règle identique serait appliquée aux théâtres et aux cafés-concerts, il conviendrait peut-être de bien préciser les conditions d'aménagement de ces derniers établissements.

La loi a déterminé les obligations des théâtres, sous le rapport de la construction et de l'exploitation. Si le café-concert obtient le droit de devenir à son gré établissement théâtral, il faudrait qu'il fût soumis aux prescriptions qui régissent les théâtres. Alors l'égalité existerait véritablement pour tous, et les directeurs dont nous reproduisions plus haut les réclamations, se trouveraient plus efficacement protégés par la liberté que par des prohibitions et des empêchements imposés aux cafés-concerts.

Pour le moment, ces établissements abondent : leur nombre tend chaque jour à s'augmenter.

On en compte plus de soixante à Paris. Dans ce chiffre nous ne comprenons pas les cafés d'un ordre inférieur qui, pour l'agrément de leurs clients dilettanti, engagent exceptionnellement un violon ou une clarinette, ou bien un orgue de Barbarie, ou simplement un tambour.

Voici le tableau des principaux cafés-concerts existant à Paris en juillet 1867. Ici la statistique n'a rien de stable ; mais enfin il peut arriver plus tard qu'un historien des théâtres ait intérêt à recueillir ce renseignement.

Liste des cafés-concerts ouverts dans Paris (été de 1867)

MM. DOUDIN, Champs-Élysées, Concert du pavillon des Ambassadeurs.

GOUBERT, faubourg Poissonnière, 10, Alcazar lyrique.

Mlle PICOLO, Champs-Élysées, Café-concert de l'Horloge.

MM. GOUBERT, Champs-Élysées, Alcazar d'été.

BUCK, rue de Cléry, 53.

VIENNE, 10, rue de la Paix, Belleville. Grand café-concert de Calliope.

CRETTÉ, rue de Bretagne, 49.

AUBLIN, terre plein du pont Neuf, Vert-Galant.

CASTILLION, avenue de Labourdonnaye, 69.

FLÉCHEUX, boulevard Rochechouart, 15, Café-concert de la Gaîté.

TRONCQUOIS, rue des Trois-Couronnes, 29, Café-concert de la Renommée.

PARIS, boulevard du Prince-Eugène, 50, Bataclan.

LEROY, rue de la Roquette, 20, Café-concert des Familles.

BOUCHARD, chaussée du Maine, 44.

ROY, boulevard des Batignolles, 62, Café-concert de l'Europe.

LORGE, boulevard de Strasbourg, 4, Eldorado.

PETIT, faubourg Saint-Denis, 152, Café-concert du Château-Vert.

Mme veuve ROISIN, boulevard de Strasbourg, 13, Café-concert du Cheval Blanc.

MM. PONS, rue Rambuteau, 49, Concert du Rocher.

ARDOUREL, rue du Chaume, 4, Concert de Nantes.

VALLA, rue Delambre, 26.

CHEVET, rue du Château-d'Eau, 77, Concert du XIXe siècle.

BOURGE, faubourg Saint-Martin, 274, Concert des Mines.

FOURNIER et VALENTIN, faubourg Saint-Denis, 37, Grand Concert Parisien.

Plusieurs artistes de mérite sont sortis de ces établissements. On affirme que mademoiselle Cico, et avant elle madame Marie Sasse ont fait leurs premiers pas sur les estrades des cafés-concerts.

Cette considération suffirait pour leur attirer des sympathies et, dans tous les cas, de l'indulgence. Nous ne parlons pas de certaines actrices, de certains virtuoses déclassés, qui viennent y récolter, sans grande fatigue et sans talent réel, une moisson exorbitante d'appointements et de feux. Ceci est de la spéculation. Mais, partir des bas-fonds d'un café-concert pour se révéler l'égale des Damoreau et des Falcon, c'est de l'art et du grand art !

CHAPITRE IX

CONCLUSION

Discours de M. le maréchal Vaillant. — Rapport de M. Camille Doucet. — Programme de trois concours en faveur des jeunes compositeurs. — Lettre du ministre de la maison de l'Empereur à M. Martinet.

Notre conclusion se trouve presque tout entière dans le discours prononcé par M. le maréchal Vaillant, ministre de la maison de l'Empereur, à la distribution des prix du Conservatoire impérial de musique et de déclamation (2 août 1867).

Le ministre conclut :

« A la vulgarisation de l'art théâtral sous toutes ses formes ;

» A la libre concurrence ;

» A la création de débouchés nouveaux en faveur des jeunes compositeurs ;

» Enfin à l'élargissement de toutes les voies qui conduisent au succès ! »

Que le gouvernement de l'Empereur daigne ajouter à ces résolutions libérales la prise en considération de nos vœux relatifs à l'impôt des pauvres et à la censure... et nous pensons que la question des théâtres aura reçu toutes les satisfactions qu'elle peut raisonnablement désirer.

Voici le discours de M. le maréchal Vaillant :

« Les arts auront en cette année leurs fêtes comme l'industrie ; et jamais, pour sa part, la France n'aura exposé avec un plus juste orgueil le luxe de ses merveilles nationales, qu'elle ne le fait depuis quatre mois, dans ce brillant concours de toutes les intelligences et de tous les progrès, dans ces tournois pacifiques de toutes les civilisations qu'une voix auguste proclamait naguère les jeux Olympiques du monde entier.

» Vos cœurs n'ont pu, j'en suis sûr, rester indifférents à la grandeur de ces jeux nouveaux, si supérieurs aux anciens, et à l'éclat de cette cérémonie sans pareille, dans laquelle vingt mille spectateurs d'élite ont acclamé le nom des vainqueurs et applaudi à leur triomphe.

» C'est encore une fête des arts qui nous rassemble à cette heure, fête plus modeste et qui n'en a pas moins ses charmes, véritable fête de famille, à laquelle, par cela même, je sens qu'à chaque étape je m'attache davantage, comme d'année en année, je m'intéresse de plus en plus à vos travaux.

» Au milieu de ces solennités internationales que je rappelais à l'instant, je songeais à vous, jeunes artistes, jeunes musiciens, jeunes compositeurs, et quand mes yeux se fixaient, avec une complaisance mêlée d'orgueil, sur les meilleures productions de l'art plastique, livrées à la fois à tous les regards dans une exposition commune, je regrettais que, par la force des choses et par leur nature même, certaines autres formes de l'art ne pussent pas aussi, dans des conditions égales, être périodiquement soumises au suffrage de l'opinion publique.

» Ce mode de vulgarisation vous manque en effet, mes amis, et ce genre d'encouragement ne saurait vous être appliqué ; mais combien d'autres vous sont offerts que n'ont pas ceux-là même à qui vous seriez tentés parfois d'envier leurs expositions annuelles ! Des expositions quotidiennes se renouvellent pour vous chaque soir dans les théâtres nombreux déjà, et dont plus que jamais le nombre tendra sans doute à s'accroître.

» Vos concours sont finis à peine ; les lauréats sont encore réunis dans cette enceinte pour entendre proclamer leur succès, et pour chacun d'eux déjà la carrière qu'ils ont choisie est presque assurée. Déjà, comédiens ou chanteurs, ils ont tous, suivant la spécialité de leurs talents, trouvé leur place dans ces premiers théâtres de Paris où le grand art reste toujours en honneur, et dont le Conservatoire est la féconde pépinière.

» Il en sera de même des instrumentistes, que tant d'orchestres réclament ; aujourd'hui surtout que, par un heureux progrès, et sous d'heureuses influences auxquelles cette maison n'est pas étrangère, le goût de la musique s'est développé en France, à ce point que ce qui n'était naguère qu'un plaisir il y a quelques années, est devenu pour ainsi dire un besoin impérieux de notre société nouvelle.

» L'Allemagne et l'Italie n'ont plus, comme autrefois, le privilége exclusif d'aimer la musique et d'être aimées d'elle ; il semble que, pénétrant à la fois dans toutes les classes de tous les pays, son charme émouvant et civilisateur ait fait de cet art divin une langue universelle que chacun sait sans l'avoir apprise. Pourrais-je oublier qu'hier encore, dans nos théâtres et dans nos cirques, au milieu du plus vif et du plus légitime enthousiasme, des soldats-artistes, étrangers rivaux,

divisés par leur langage, par leurs mœurs, par leur patriotisme, et qui, dans leurs idiomes différents, n'eussent pu se
parler ni s'entendre, se sont tout d'abord compris et aimés,
en s'unissant, sans s'y confondre, dans une seule et même
harmonie !

» Les compositeurs de musique ont encore moins à craindre que je les oublie ; ma sollicitude avait devancé les observations qui ont pu m'être adressées dans leur intérêt, et souvent je me suis demandé comment il me serait donné de leur
venir utilement en aide. Plusieurs théâtres sont spécialement consacrés au genre lyrique ; mais il faut reconnaître que
la préférence du public y va surtout chercher les œuvres des
maîtres, et à ce premier obstacle qui entrave leurs débuts,
se joint, pour les bons compositeurs, la difficulté de se procurer de bons poëmes. Ils se plaignent donc que les moyens
de travailler leur manquent tout autant que les moyens de
se produire.

» J'ai cherché à remédier le mieux possible à ce double
inconvénient, et je suis heureux de vous annoncer à cet effet
que trois concours, dont les conditions vous seront bientôt
connues, vont être simultanément ouverts au Théâtre-Lyrique, à l'Opéra-Comique et à l'Opéra, en faveur des jeunes
compositeurs français.

» On disait à Rome, il y a deux mille ans, que tout le
monde ne pouvait aller à Corinthe. Tout le monde ne peut
aller à Rome, dit-on à Paris, de nos jours. Mais qu'à la suite
d'un premier succès on soit ou non allé compléter ses études
dans cette ancienne capitale des arts, qu'on se soit ou non
créé ainsi des titres particuliers à l'intérêt et à la bienveillance de l'administration, chacun va pouvoir se mettre à
l'œuvre librement, et avec la perspective, égale pour tous les
concurrents, de voir leurs ouvrages représentés sur l'un ou
sur l'autre des théâtres lyriques impériaux. Les directeurs de

ces théâtres se sont associés tous trois, avec le plus louable empressement, à la réalisation de ce projet, et je les en remercie devant vous.

» Ainsi, messieurs, en ouvrant au travail des débouchés nouveaux, en lui assurant des facilités nouvelles, l'administration aura accompli sa tâche; mais ne nous y trompons pas, et gardons-nous bien d'exagérer à nos propres yeux la portée et les conséquences de pareilles mesures. Tout en reconnaissant la nécessité d'élargir les voies qui conduisent au succès, je dois vous rappeler que le talent véritable, appuyé sur l'amour de l'art et sur une volonté forte, triomphe de tous les obstacles. Quand, aux grands jours du dix-septième siècle, il existait à peine une scène pour chaque genre, je ne sache pas que l'enfantement de tant de chefs-d'œuvre en ait souffert. Quand, à une époque plus rapprochée de notre temps, un troisième théâtre lyrique n'était pas encore créé, les maîtres de l'art en ont-ils moins pour cela conquis leur place au soleil; qu'ils se soient appelés Cherubini ou Berton, Méhul ou Nicolo, Hérold ou Boïeldieu!

» Parmi ceux qui débutaient alors et qu'aucune entrave n'eût retenus, j'aime à citer enfin votre illustre et cher directeur, toujours armé pour le combat, et qui bientôt va vous devancer encore dans la lice, sans fléchir sous ses couronnes, plus nombreuses que ses années!.... »

Voici maintenant le rapport et le programme officiel, relatifs aux trois concours annoncés dans le discours qui précède :

RAPPORT

A S. Exc. le maréchal de France ministre de la maison de l'Empereur et des beaux-arts.

« Monsieur le ministre,

» Tous les ans, les nouvelles productions de l'art plastique sont exposées dans un palais de l'État, où chacun peut en apprécier à la fois l'ensemble et les détails. Il n'en est pas ainsi des compositions musicales, qui ne peuvent se produire que dans des établissements privés et sur des scènes d'un accès d'autant plus difficile que, pour répondre au goût du public, les directeurs de théâtre doivent accorder une légitime préférence aux œuvres des maîtres, ce qui ne leur permet qu'à de rares intervalles d'accueillir les jeunes compositeurs et de seconder leurs débuts.

» Une autre difficulté se présente, en outre, pour les musiciens : presque toujours le poëme ne leur manque pas moins que le théâtre, et chacun de leurs pas est entravé par la nécessité absolue d'emprunter avant tout le secours, souvent refusé et plus souvent encore stérile, d'une collaboration étrangère.

» Supprimer tout à fait ces inconvénients est impossible, car ils résultent de la nature même des choses, et les efforts de l'administration ne peuvent tendre dès lors qu'à aider les jeunes musiciens à surmonter les obstacles qui gênent leurs débuts et menacent d'entraver leur essor.

» Déjà, monsieur le ministre, des dispositions utiles ont été prises en faveur des lauréats de l'École de Rome ; presque tous ont pu enfin aborder la scène, et des facilités plus grandes leur sont assurées pour l'avenir. Mais quand partout en France le sentiment musical fait chaque jour de nouveaux progrès, ce n'est pas à quelques élus seulement, c'est à tous les compositeurs français, sans distinction et sans privilége, qu'il est juste de venir en aide.

» Il vous a paru, monsieur le ministre, que ce but pouvait être atteint par la voie d'un concours qui serait simultanément ouvert à Paris, dans chacun des trois théâtres lyriques subventionnés par l'Etat. En conséquence, et après m'être concerté avec les directeurs de ces théâtres, j'ai l'honneur de soumettre à l'approbation de Votre Excellence le programme des conditions dans lesquelles s'effectueraient ces trois concours, et je vous demande la permission de vous indiquer ici les motifs qui en ont dicté les principales dispositions.

» A l'Opéra, un double concours aurait lieu : le premier pour la composition d'un poëme en trois actes, le second, pour la mise en musique du poëme jugé le plus digne d'être représenté sur ce théâtre.

» Un ouvrage en trois actes a toujours une importance considérable, à l'Opéra comme dans les autres théâtres. Cette importance s'augmente encore aujourd'hui du plaisir qu'aurait le public à voir comme autrefois des opéras de moyenne dimension entrer plus souvent, avec des ballets, dans la composition des spectacles.

» A l'Opéra-Comique, un poëme en trois actes, spécialement choisi par le directeur, et par conséquent admis d'avance à la représentation, serait offert aux compositeurs pour être mis par eux en musique.

» Au Théâtre-Lyrique, pour ouvrir une plus large carrière à tous les goûts et à toutes les inspirations, chaque compositeur serait libre de choisir à son gré et de se procurer per-

12

sonnellement, comme bon lui semblerait, le poëme sur lequel il lui conviendrait de travailler, quels que fussent son genre, sa forme et son étendue.

» C'est une combinaison tout à fait nouvelle, dont les résultats définitifs ne peuvent d'avance être sûrement appréciés; mais elle a été réclamée par un grand nombre de jeunes musiciens qui paraissent y attacher beaucoup d'importance et en attendre les meilleurs effets. Je n'hésite donc pas à proposer à Votre Excellence d'approuver que l'épreuve en soit faite loyalement, sans restriction aucune et sans aucune prévention.

» Des jurys spéciaux, nommés par les concurrents eux-mêmes, seraient chargés de juger les poëmes et les partitions envoyés au concours.

» Les ouvrages couronnés seraient exécutés à Paris, sur chacun des trois théâtres, dans le cours d'une année au plus à dater de la décision des jurys; les autres pourraient être représentés sur les théâtres des départements.

» En conséquence, et pour que les directeurs de ces théâtres puissent agir en connaissance de cause, il leur serait loisible d'assister, dans les dernières séances des jurys, à l'exécution des œuvres réservées. Un débouché de plus serait ainsi ouvert aux compositeurs, dont, bien entendu, les partitions ne pourraient, dans aucun cas, être exécutées sans leur consentement.

» Les concours étant spécialement organisés dans l'intérêt des jeunes musiciens, une part aussi large que possible devrait leur être réservée, au Théâtre-Lyrique surtout et à l'Opéra-Comique. Quant à l'Opéra, qui est une académie de musique et non un théâtre de débuts, son appel s'adresserait à tout le monde, aux auteurs déjà parvenus, comme à ceux qu'il voudrait aider à parvenir.

» Les maîtres de l'art seraient disposés, sans doute, à s'effacer spontanément pour laisser le champ libre à leurs émules et à leurs élèves; mais en fût-il autrement que, loin de le regretter, il faudrait voir dans cette concurrence glorieuse un honneur de plus pour le concours, un stimulant de plus pour les concurrents.

» En dehors des conditions principales que je viens d'exposer, le programme ci-joint contient certaines dispositions accessoires et réglementaires, et stipule au besoin certaines indemnités administratives dans le détail desquelles je crois inutile d'entrer ici.

» Je ne saurais terminer ce rapport, monsieur le ministre, sans constater avec quel empressement, avec quel dévouement, MM. les directeurs de l'Opéra, de l'Opéra-Comique et du Théâtre-Lyrique sont entrés dans les vues de Votre Excellence, et ont adopté la pensée de ces divers concours, dont, en fin de compte, ils auront à supporter les conséquences onéreuses ou lucratives. Tous trois ont voulu prendre et ont pris par écrit l'engagement d'en seconder l'exécution par tous les moyens en leur pouvoir.

» Les musiciens devront ainsi, monsieur le ministre, à la bienveillante initiative de Votre Excellence l'appui le plus digne qui puisse être offert au talent, c'est-à-dire l'occasion d'un jugement impartial et la perspective d'une brillante publicité.

» Veuillez agréer, monsieur le ministre, l'hommage de mon très-respectueux dévouement.

» *Le directeur général de l'administration des théâtres,*

» CAMILLE DOUCET.

» Approuvé :

» *Le maréchal de France, ministre de la maison de l'Empereur et des beaux-arts.*

» VAILLANT. »

MINISTÈRE DE LA MAISON DE L'EMPEREUR ET DES BEAUX-ARTS

DIRECTION GÉNÉRALE DES THÉATRES

PROGRAMME.

Trois concours sont ouverts à l'Opéra, à l'Opéra-Comique et au Théâtre-Lyrique, entre les compositeurs de musique français, dans les conditions suivantes :

Théâtre impérial de l'Opéra.

A partir du 1ᵉʳ janvier 1868, un poëme en trois actes sera offert aux compositeurs français pour être mis par eux en musique.

Dès aujourd'hui il est ouvert, pour la composition de ce poëme, un premier concours qui sera clos le 15 décembre prochain.

Un jury de neuf membres, chargé de juger les poëmes envoyés au concours, sera nommé par les concurrents eux-mêmes, qui se réuniront à cet effet, le 16 décembre, à la direction générale des théâtres.

L'auteur du poëme qui sera choisi pour le concours de musique recevra une prime de 3,000 francs, dont une moitié sera payée sur les fonds d'encouragement du ministère de la maison de l'Empereur et des beaux-arts, et l'autre moitié par l'administration de l'Opéra.

Dans le cas où aucun des poëmes ne serait admis par le jury comme pouvant servir au concours de musique, l'auteur de celui qui, sans être couronné, aurait été trouvé relativement le meilleur, recevrait, à titre d'indemnité, la moitié de la prime offerte, c'est-à-dire la somme de 1,500 francs stipulée, payable sur les fonds du ministère.

Le concours pour la mise en musique du poëme choisi par le jury commencera le 1ᵉʳ février 1868, et finira le 30 juillet suivant.

Un jury de neuf membres, chargé de juger les partitions envoyées au concours, sera nommé par les concurrents, qui se réuniront à cet effet, le 1ᵉʳ août, à la direction des théâtres.

Théâtre impérial de l'Opéra-Comique.

Un poëme d'opéra-comique, en trois actes, reçu par le directeur, sera mis à la disposition des concurrents.

Ce concours s'ouvrira le 30 août présent mois et sera clos le 30 avril 1868.

Un jury de neuf membres, chargé de juger les partitions envoyées au concours, sera nommé par les concurrents, qui se réuniront à cet effet le 1er mai 1868, à la direction générale des théâtres.

Théâtre-Lyrique impérial.

Le concours est ouvert, à partir de ce jour, au Théâtre-Lyrique impérial, et sera clos le 15 août 1868.

Chaque compositeur sera libre de choisir le poëme qui lui conviendra, quels que soient son genre, sa forme et son étendue.

Un jury mixte, composé de dix-sept membres chargés de juger les poëmes et les partitions, sera nommé par les compositeurs de musique ayant pris part au concours, qui se réuniront à cet effet, le 16 août 1868, à la direction générale des théâtres.

Dispositions générales.

Les poëmes et les partitions destinés au concours devront être déposés, aux époques indiquées ci-dessus, au ministère de la maison de l'Empereur et des Beaux-arts, entre les mains du directeur général de l'administration des théâtres.

Chaque poëme ou partition contiendra, dans une enveloppe cachetée, le nom de son auteur, ainsi qu'une épigraphe, qui devra être également placée en tête du manuscrit.

Les jurys chargés d'examiner les poëmes et les partitions envoyés au concours tiendront leurs séances dans chacun des trois théâtres auxquels ces divers ouvrages seront destinés.

Les directeurs de l'Opéra, de l'Opéra-Comique et du Théâtre-Lyrique assisteront, dans leurs théâtres respectifs, aux séances des divers jurys et prendront part à leurs travaux.

Les directeurs des théâtres lyriques des départements pourront assister aux dernières séances des jurys, dans lesquelles seront exécutées les meilleures partitions réservées pour le concours, et il leur sera loisible, si les auteurs y consentent, de faire jouer sur leurs théâtres ceux des ouvrages qui, tout en n'étant pas réservés pour Paris, leur sembleraient de nature à pouvoir être représentés ailleurs avec succès.

Dans chacun des trois théâtres lyriques de Paris, l'ouvrage qui aura été jugé le meilleur et couronné par le jury sera représenté dans un délai qui ne devra pas excéder une année.

Dans le cas où, pour chacun de ces trois concours, aucune des partitions présentées ne serait admise par le jury comme digne d'être exécutée à Paris, l'auteur de la partition qui, sans être couronnée, aurait été trouvée relativement la meilleure dans chaque théâtre, recevrait, à titre d'indemnité et d'encouragement, une somme de 2,000 francs, payable sur les fonds du ministère de la maison de l'Empereur et des beaux-arts.

Tous les compositeurs français pourront prendre part au concours de l'Opéra, qu'ils aient eu déjà ou non quelque ouvrage représenté sur ce théâtre ou sur tout autre.

A l'Opéra-Comique, ne seront pas admis à concourir les compositeurs qui auraient eu des ouvrages en deux actes et 'plus, représentés sur ce théâtre ou sur celui de l'Opéra.

Ne pourront prendre part au concours du Théâtre-Lyrique les compositeurs qui auraient eu des ouvrages en deux actes et plus, représentés sur ce théâtre, à l'Opéra ou à l'Opéra-Comique.

Le 1ᵉʳ août 1867,

Approuvé :

Le ministre de la maison de l'Empereur et des beaux-arts,

VAILLANT.

(*Moniteur universel*, 3 août 1867.)

Le monde théâtral a accueilli avec la plus vive reconnaissance les dispositions qui précèdent.

Le nom de M. Camille Doucet est encore ici associé à un grand progrès accompli, ce qui nous permet de clore ce livre dans les termes où nous l'avons commencé, c'est-à-dire par un hommage cordial et sincère au directeur général des théâtres.

Toutefois, avant de terminer, nous ferons place à la lettre ci-après adressée par M. le maréchal Vaillant à notre collègue

M. Martinet. Cette lettre est pour lui un titre d'honneur que nous nous faisons un véritable plaisir d'enregistrer :

« Palais des Tuileries, le 2 août 1867.

» Monsieur Martinet, directeur,

» J'ai reçu le mémoire que vous m'avez adressé sur la situation des compositeurs de musique, et je l'ai lu avec d'autant plus d'intérêt que je me préoccupais précisément de seconder les musiciens en leur facilitant l'accès des théâtres impériaux.

» Si petit qu'il soit, et par cela même peut-être qu'il est plus petit, votre théâtre pourra servir utilement au début des jeunes compositeurs et des jeunes artistes ; il l'a fait depuis dix-huit mois, et il me paraît appelé à le faire encore davantage.

» Ne pouvant mieux reconnaître vos efforts qu'en encourageant les compositeurs que vous aidez à se produire, j'accorde, sur les fonds des beaux-arts, une somme de 1,000 fr. à celui dont la partition, exécutée depuis l'ouverture de votre théâtre, aura été jugée la meilleure. Ces messieurs nommeront à cet effet un jury de cinq membres, ou prononceront eux-mêmes, si bon leur semble. Des mesures vont être prises pour donner suite à ma décision.

» Recevez, monsieur le directeur, etc., etc.

» *Le maréchal de France, ministre de la maison de l'Empereur et des beaux-arts,*

» VAILLANT. »

TABLE DES MATIÈRES

———

—

Chapitre VIII. — Les cafés-concerts.

Chapitre IX. — Conclusion.

Paris. — Typ. Morris et C⁰, rue Amelot, 64.

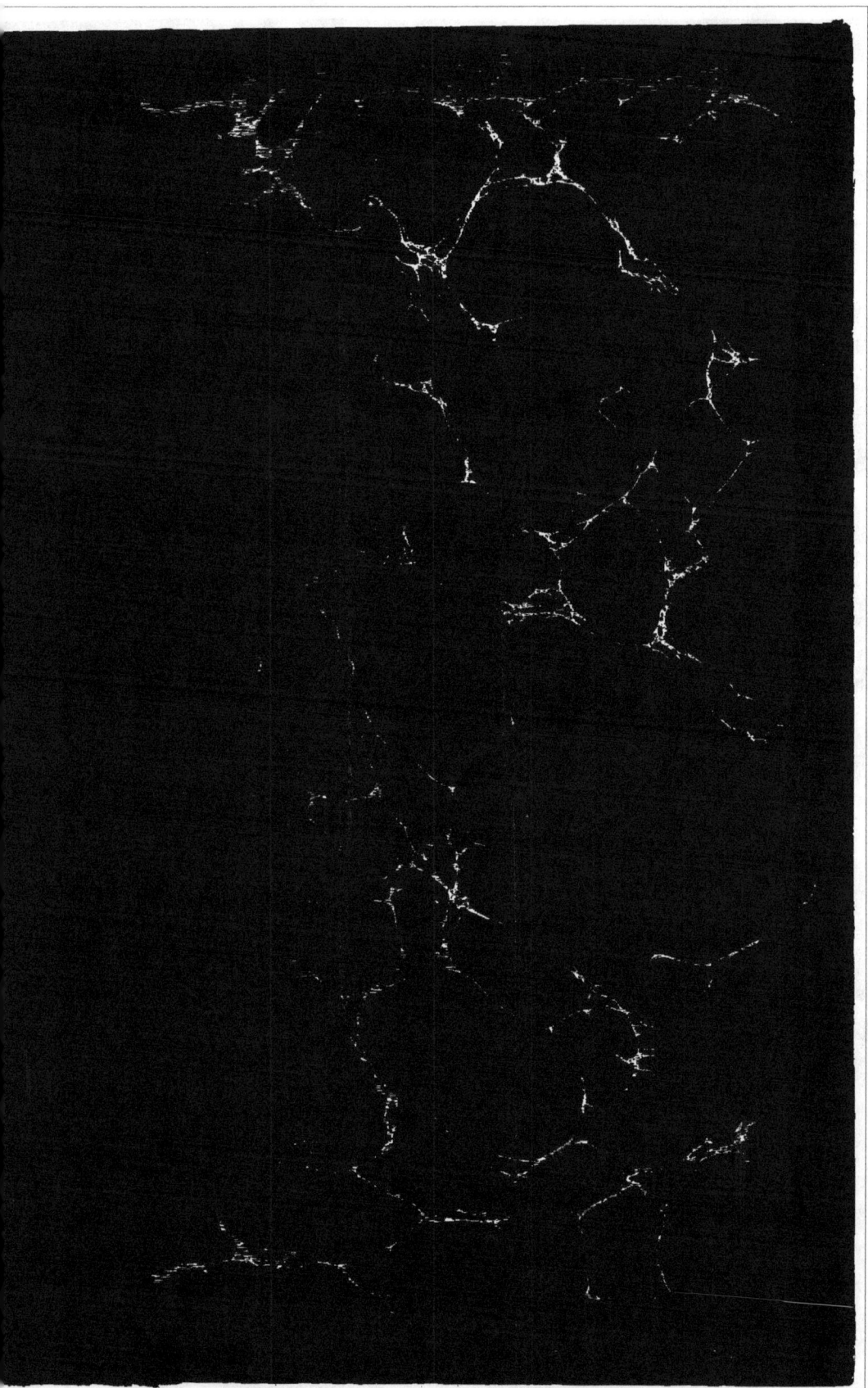